JN305279

飽戸 弘 編著

ソーシャル・ネットワーク
と投票行動

木鐸社刊

目　次

序章　インターメディアリーの理論
——歴史的瞬間を捉えた CNEP 調査—— ………7

飽戸　弘

1．ソーシャル・ネットワークの変質…7
2．メディアとソーシャル・ネットワーク…8
3．CNEP の発足…9　　4．ミシガン研究への反省…9　　5．CNEP プロジェクトのスタート…11　　6．歴史的瞬間を捉えた CNEP 調査…13　　7．CNEP 日本調査について…15

第Ⅰ部　ネットワークのリアリティ構造

1章　ネットワークの中のリアリティ，そして投票 …………………………19

池田謙一

1．グラスルーツの発見…19　　2．グラスルーツの情報環境…21　　3．ソーシャル・ネットワーク・アプローチ…23　　4．日本人のネットワークは小さい？…24　　5．対人ネットワーク・パートナーの等質性…26　　6．ネットワーク・パートナーのインパクトは幻か…30　　7．加入団体に目を向ける…31　　8．リアリティと選択行動…33　　9．ネットワーク・インパクトのテスト…35　　10．語り合うことが全てではない…39　　11．分断された政治的リアリティ…39

2章　ネットワーク認知の非対称性 …………45

山田一成

1．「ボーリング・アローン」…45　　2．「点」

と「線」…46　3．「大切なことがら」を話し
合う…47　4．「政治」について話し合う…49
5．「孤立」しているのは誰か…51　6．「マス
コミ」か「くちコミ」か…54　7．政治的媒介
研究とは何か…55　8．ソシオメトリーとネッ
トワーク認知…58　9．夫婦間の「非対称性」
…59　10．なぜ「会話の相手」にならないか…63
11．ネットワークサイズは影響するか…65　12.
政治についての会話・会話についての政治…66
13．ソーシャル・ネットワーク研究の可能性…68

3章　対人ネットワークの「副産物」としての政治 ……………………………………73

木村　純

1．遠い世界の政治・身近な日常の政治…73
2．対人ネットワークと政治…74　3．「異質
なネットワーク仮説」対「副産物仮説」…76
4．対人ネットワークの大きさと政治…80
5．「接触の頻度」と「政治についての会話の頻
度」…83　6．接触の頻度と政治についての会
話の関係…86　7．「政治的知識」と政治コミ
ュニケーション…87　8．政治についての意見
が食い違う程度…91　9．「副産物仮説」の提
示する世界像…94

第Ⅱ部　政治報道と有権者

4章　メディア内容の解読と投票意図…………101

御堂岡　潔

1．デモクラシーとマスメディアによる報道…101
2．メディア内容の解読…103　3．投票行動
と意図に関する五つのタイプ…105　4．五つ
のタイプは新聞報道をどのように解読したか

…108　5．五つのタイプとテレビのニュース番組…111　6．ソーシャル・ネットワーク，対人ネットワークとの比較…115　7．結び…117

5章　情報環境としての政治報道……………119

稲葉哲郎

1．「椿発言」問題とその背景…121　2．有権者のバイアス認知…123　3．バイアスは存在したか？…126　4．情報環境の党派性…129　5．メディア認知は敵対的か？…130　6．敵対的メディア認知はなぜ起こるのか…132　7．心理的バイアスに目を向ける…135

第III部　変容するメディア・ポリティクス

6章　「認知動員装置」としてのメディア ……141

川上和久

1．はじめに…141　2．稠密なマスメディア情報空間・日本…142　3．マスメディアと投票行動…143　4．日本のマスメディアの選挙報道に対する基本姿勢…146　5．内容分析の結果…148　6．考察…154　7．日本における政治広告の登場と制度的変化…155　8．メディアの多様化と，「認知の動員装置」としてのマスメディアの変化…160

7章　政党とメディア
　　——メディア選挙と組織選挙の行方——　…………163

飽戸　弘

1．「組織選挙」と「メディア選挙」…163　2．1993年選挙とメディア報道…166　3．1992年アメリカ大統領選挙とメディア報道…168

４．購読新聞と投票行動…170　　５．アメリカにおける新聞報道…171　　６．テレビ番組嗜好と投票行動…172　　７．新聞のバイアス報道認知と投票…173　　８．テレビのバイアス報道認知と投票…175　　９．テレビ討論の効果─日米比較…176　　10．メディアとその機能の日米比較…178

あとがき ……………………………………………181

CNEP 調査の概要 ……………………………………185

人名索引・事項索引 …………………………………187

序章　インターメディアリーの理論
——歴史的瞬間を捉えた CNEP 調査——

飽戸　弘

1　ソーシャル・ネットワークの変質

　今日，メディアの進化・発展は目をみはるものがある。都市型 CATV，衛星テレビ，デジタルテレビ，そしてインターネットなどのニューメディア，マルチメディアの発展・普及の速さは，まさに驚異的なものである。テレビ，新聞，雑誌，といった既存メディアも，こうした新しいメディアの前に，変質を迫られる。とりわけ，マスメディアと通信と PC（パーソナルコンピュータ）との融合による新しいメディア，ニューメディアまたはマルチメディアが，注目を集めている。そしてマルチメディア時代，マスメディアはますますパーソナルなメディアと接近しつつある。

　一方，ここ10年ほどの間に，社会科学のさまざまな分野で「ソーシャル・ネットワーク」が注目されるようになってきた。社会学の分野では，人間関係が希薄になり，古典的ソーシャル・ネットワークの影響・寄与が一般に減退しつつある。例えば，農村社会や同業組合での人間関係や，労働組合の人間関係など，あらゆる分野で古典的な「コミュニティや組織の人間関係」が希薄になりつつある。しかしその反面，市民運動・コミュニティ運動や，ボランティア，趣味やレジャーの仲間・サー

クルなど，さまざまな都市型の組織や運動，新しい人間関係が，重要性をもつようになってきた。ソーシャル・ネットワークが変質しつつあるということだ。

政治学，投票行動研究の分野でも，かつての組織に頼った選挙運動は，いまや著しく効率が悪く，新しいソーシャル・ネットワークの活用が不可欠になってきている。さらには，マスメディアやマルチメディアを活用し，組織を素通りして有権者に直接アピールすることが必要になってきている（例えば，飽戸弘『メディア政治時代の選挙』筑摩書房，など参照）。

こうして投票行動研究においても，今やソーシャル・ネットワークは無視し得ない重大な役割を果たしていること，しかしそれは，かつての伝統的・古典的な「組織のネットワーク」ではなく，きわめて現代的な「都市型ネットワーク」に，その機能の中心が移ってきていること，この二点が重要な視点であろう。すなわち，ソーシャル・ネットワークは変質しつつ，ますますその重要性を増している，ということである。

2　メディアとソーシャル・ネットワーク

こうしたマルチメディア時代のメディアの動向と，ソーシャル・ネットワークの変質という傾向は，決して無縁な独立した現象ではない。両者は密接に関連し，連動し，相互に規定しあう存在であることが重要だ。すなわちマルチメディア時代にマスメディアはますますパーソナルなメディアに近づき，ソーシャル・ネットワークと密接な関連を持つようになり，従って，人々の意識や行動は，こうして絶えず変化・拡張してゆくマスメディアとソーシャル・ネットワークとの双方から影響を受け，規定されつつ，変貌してゆく。

そこで，このメディアとソーシャル・ネットワークとをあわせたものをわれわれは人々の意識と行動を結び付ける重要な媒介変数として「インターメディアリー（Intermediary）」と呼ぶことにしたい。社会行動

序章　インターメディアリーの理論　　9

に対するインターメディアリーの重要性はますます大きくなりつつある。これこそが「情報化社会」といわれる今日の状況であろう。

3　CNEP の発足

このような問題意識に基づいて，新しい投票行動研究の理論と実証を目指す共同研究の計画が，着実に進行しつつあった。「投票行動の国際比較研究」（Cross-National Election Project, CNEP）がそれである。われわれはこの国際共同研究に参加する機会を得た。これは1987年夏よりスタートし，現在報告書を作成中という，10余年掛かりの大プロジェクトである。

当初の CNEP の研究計画の骨子は，以下のようなものであった。

①日米英独，4カ国の投票行動を，同じ理論枠組，同じ調査票で，測定，比較する。

②比較のための理論的枠組みとして，「インターメディアリー（Intermediary）」の理論を置く。

③研究にあたっては参加国のメンバー同士で徹底的に討論を重ね，各国の事情を十二分に把握し，その上で出来うる限り厳密な比較が出来るよう，細心の注意をはらって，研究の設計・実施を行なう。

研究の規模，その慎重な理論的検討，さらに調査実施のための綿密な計画など，こうした国際比較研究の模範となるものと確信している。このようなプロジェクトに参加することができたことは幸運であった。

4　ミシガン研究への反省

さて研究の出発点は，現行の投票行動研究への反省，批判から始まる。1940年代より，ポール・ラザースフェルド（Paul F. Lazarsfeld）らのコロンビア大学グループによりスタートした投票行動研究は，その後1940年代後半，1950年代には，バーナード・ベレルソン（Bernard

10

Berelson)，アンガス・キャンベル（Angus Campbell），フィリップ・コンバース（Phillip Converse），そしてウォレン・ミラー（Warren Miller）らのミシガン大学グループの俊秀が続々と現われ，世界の投票行動研究のセンターは，現在，ミシガン大学，サーベイリサーチセンター（Survey Research Center, SRC）に移っている（飽戸1968，飽戸1994，ほか参照）。

ここでの研究の特徴は，政党支持，政治的関心度，集団利益志向，政策志向，候補者志向など，「心理学的媒介変数」を核として投票行動を分析して行こうというもので，これが今日の世界の投票行動研究の原型となっているといえよう。

このミシガン学派は投票行動研究を厳密な実証研究により，科学の域に高めた功績は大きいが，やや心理主義に陥り，時代の変化，社会構造の変化を十分に取り込むことが難しい，という側面があることも否定できない。

ミシガン学派の全盛時代，1940年代，1950年代は，メディアは主として新聞，ラジオ，雑誌の時代であって，テレビはまだ誕生していない。またトルーマン大統領時代の末期からアイゼンハワー大統領の時代で，太平洋戦争の終結，アメリカの復興，共産主義の恐怖とアカ狩り，といった時代であり，政策論争が始まるのはずっと後の1960年代，ジョン・F・ケネディー（John F. Kennedy, JFK）の時代以降である。

そうした状況から，投票行動研究の主たる成果として，投票意思決定における主要な変数はマスメディアよりはパーソナル・コミュニケーション，政策よりは候補者イメージが重要，などといった一般化が行われ，当時これらの成果は，地域を越え，時代を超えた，永遠の真理と考えられていた。

しかしその後，テレビの出現，そしてベトナム戦争，朝鮮戦争と続き，政策志向はますます重要になっていった。1972年のマクガバン対ニクソンの選挙は，まさにニューポリティクスに関する政策選挙の時代に入ったと言われた。（飽戸弘『アメリカの政治風土』日本経済新聞社，

など参照)。こうして，投票行動研究の主要な変数は，時代により，社会の変化により，大きく変動してゆくという，「政治文化論」が注目されるようになっていった。

5　CNEP プロジェクトのスタート

このような状況の下で，ミシガン流の心理学的媒介変数偏重の研究から脱して，より「政治文化論」的アプローチ，すなわち時代の背景，社会変動の影響などを加味して，投票行動を見てゆこうという，全体把握的（wholistic）な，より社会学的媒介変数を重視する流れが現われる。

ドイツ，ベルリン大学のマックス・カーゼ（Max Kaase）らのPolitical Action 研究グループ（Barnes & Kaase et al. 1979, etc.），アメリカ，インディアナ大学，ロバート・ハックフェルト（Robert Huckfeldt）らのインターメディアリー研究グループ（Huckfeldt 1986, etc.），そして日本研究でかねて，価値・文化亀裂（Value & Cultural Cleavage）の重要性を主張していた，フロリダ州立大学，スコット・フラナガン（Scott C. Flanagan）（Richardson & Flanagan 1984, etc.）らの呼びかけでCNEP プロジェクトがスタートする。

CNEP のスターティングメンバーは，マックス・カーゼ，ハンス＝ディーター・クリンゲマン（Hans-Dieter Klingemann）（独），ロバート・ハックフェルト，ポール・ベック（Paul Allen Beck），ラッセル・ダルトン（Russell J. Dalton）（米），ジョン・カーティス（John Curtis）（英），スコット・フラナガン，ブラッドレー・リチャードソン（Bradley M. Richardson），飽戸弘（日）の，4 カ国からの9 人で，1987年，サンフランシスコでの国際政治心理学会のときにスタートする。

政治文化論的アプローチ，社会学的媒介変数，そしてインターメディアリーというキー概念で研究はスタートするのだが，ここで何よりも重要なことは，比較政治文化という視点である。そこで日米英独の4 カ国

を選び，それぞれの国で出来るだけ統一したツールを用いて調査を行い，厳密な比較研究を実現する，ということを考えた。4カ国は，大統領制（米）か，議院内閣制（日，英）か，大統領制を加味した議院内閣制（独）か，といった制度の違い，さらに同じ議院内閣制でも選挙制度の違い，政治意識の違い，などを考慮して，選ばれた。そして各国では，もっとも重要な選挙を取り上げて調査を行なうこととした。その後，毎年，1，2回のペースで，フロリダ，オハイオ，カリフォルニア，ケルン，オックスフォードなどで，計7回の企画会議を持ち，理論図式の検討，調査票の作成，調査実施要領の作成と，研究は進められていった。

研究の出発点において確認された本研究の理論的根拠は以下のようなものである。まず最近さまざまな学問分野で注目されている「ソーシャル・ネットワーク」こそが，投票行動研究のキー変数であること。

第二に，ミシガン学派が全盛時代はテレビのない時代であり，したがってメディアの影響は小さいという限定効果仮説が主たる結論となっていたが，いまアメリカはテレビ選挙の時代，そしてメディア政治の時代と言われている（飽戸1989，参照）。ヨーロッパ，日本にも，この流れは浸透しつつある。こうして投票行動における「マスメディア」の機能について，もう一度，抜本的に検討し直すことが必要である。

すなわち，ソーシャル・ネットワークとメディアを合わせた「インターメディアリー」こそが，これからの投票行動研究の中心概念とされるべきである，ということが，まず確認された。

そして結果として，4カ国中，イギリスは諸般の事情で質問数が限られ，比較は難しいが，日，米，独の3カ国は，ほとんど同じ調査票で調査を行うことができた。こうして，1990年より，調査実施に漕ぎ着けることができた。調査時期，および取り挙げられた選挙は，以下の通りである。

1990年・ドイツ調査・総選挙（下院議員選挙）

1992年・アメリカ調査・大統領選挙

1993年・日本調査・総選挙（衆議院議員選挙）
いずれもそれぞれの国で，もっとも重要な選挙である。

6　歴史的瞬間を捉えたCNEP調査

CNEP調査の第一の特徴はその理論にあるが，もう一つの特徴は，本調査がいずれも，激動の時代を見事に捉えた画期的記念碑としてのデータを得ることが出来た，という点である。

ドイツ調査：1989年，世界を驚かせたベルリンの壁の崩壊，そして翌1990年には早くも東西ドイツの合併という大事件が起こる。そしてその年に行われた東西ドイツ合併後の最初の国政選挙について，われわれは調査を行なうことができた。まさに歴史的瞬間を捉えることができたといえよう。調査設計においては，旧東ドイツと旧西ドイツとを比較するよう配慮されている。

アメリカ調査：1992年の大統領選挙は，ブッシュが再選を目指した選挙であり，それに対する民主党の大物候補はすべて予備選段階で脱落，ブッシュの楽勝が予想されていた。しかし予想外に経済不況は深刻となり，ついに大番狂わせのブッシュ敗北，クリントン勝利，という結果に終わった選挙であった。ここでも選挙政治の常識が大きく転換した年であった。

日本調査：1955年体制が崩壊，ほぼ38年にわたって継続し，世界的な驚異とまでいわれた「自民党一党支配」についに終止符が打たれた，激動の1993年の総選挙を迎える。その歴史的瞬間を捉えることができた。

こうして本書は，われわれのCNEPプロジェクトの我が国における最初の紹介・報告である。いままでいくつかの中間報告，または速報は，なされているが（飽戸ほか1995，Akuto et al., 1994，ほか参照），日本チームの報告書として刊行されるのは本書が最初である。従って，本書において検討しようとしていることは，まず，

①政治行動研究における，ソーシャル・ネットワークとマスメディア，すなわちインターメディアリーのインパクトについて考察する，その理論の妥当性を検証して行くこと。

にあることは言うまでもない。しかしそれと同時に，

②政治文化研究，そして国際比較研究の理論と方法について，一つの見本を提供出来ると考えている。

すなわち，各国の歴史・制度・状況について，5年間，7回の国際会議を持って，これだけ十二分に相互に紹介，検討し合い，吟味した上で，企画された理論と，慎重に配慮された研究方法（調査票の作成と実施要領）の策定は，今までにも例がないと言って過言ではあるまい。一つのリーダー国がすべて企画し調査票を作成し，ただその調査票で数カ国で調査を実施するだけ，という「国際比較研究」が多いなかで，本研究は今後の国際比較研究のためのよき雛形となることであろう。

③本書はCNEPという投票行動研究へのインターメディアリーのインパクトを紹介，検討するという試みであったが，その有効性は決して投票行動，政治行動の分野に止まらず，広く消費者行動研究，さらには社会行動研究全般に適用される有効な概念であり，方法である，と考える。

社会行動のさまざまな分野の研究者の皆さんにも有益な示唆を与えうるものと思う。以上が本書の目的である。

メディアの進化・拡張は実に急速であり，CNEPが企画，実施された，1988-1993年頃は，まだインターネットはほとんど問題にならず，その後，マルチメディア時代に入る。従ってCNEPでメディアというとき，それはテレビであり，新聞であり，広報である。残念ながらまだマルチメディアは含まれていない。その次の1996年のアメリカ大統領選挙では，インターネットが大活躍したことは周知の通りである。本書でも，CNEPデータには含まれていないが，インターメディアリーの考察の中で，随時，マルチメディア状況についても，検討して行きたいと

考えている。

7 CNEP 日本調査について

　CNEP 日本調査は 3 つの調査よりなる。1993年 2 月の徳島市長選挙調査（徳島調査），及び1993年 3 月の千葉市長選挙調査（千葉調査）の 2 つの予備的調査により，われわれの理論と方法の妥当性を確認し，その上でいよいよ1993年 7 月，本調査にあたる全国調査を実施した。

　3 つの調査は基本的には同じ調査票，ほぼ同じ方法で行われているが，さらに夫々は特別の目的を持って行われている。すなわち本研究の主要なテーマであるソーシャル・ネットワークの析出のため本来なら，一般的話題の話相手，GDP（General Discussion Partner）と，政治的話題の話し相手，PDP（Political Discussion Partner）に対しても，調査対象者に対してと同様の調査を行ないたかったのであるが，諸般の事情で断念せざるを得なかった。そこで徳島調査，千葉調査では，GDP としても，PDP としても，もっともしばしば話し合うのは配偶者であることが確認されているので，配偶者調査を行なっている。キー質問については対象者とその配偶者に同じ調査票で調査を行ない，両者の回答を比較分析している。これも CNEP 調査の一つの特徴である。全国調査は，あくまでも全国推計の精度を保つため，残念ながら配偶者調査は断念した。

　なお，本書でしばしば比較言及されているアメリカ調査は1992年11月，アメリカ大統領選挙の際に実施されたものである。詳しくは，巻末 [CNEP 調査の概要] を参照されたい。

　これらの日本調査は，すべて CNEP 日本チームのメンバーの共同研究として実施されたものであり，国際比較分析を含め，現在，分析，レポートを執筆中である。

　CNEP 日本チームのメンバーは以下の通りである。

　飽戸弘（主査）・東洋英和女学院大学，スコット・フラナガン・フロ

リダ州立大学，ブラッドレイ・リチャードソン・オハイオ州立大学，鈴木裕久・東京国際大学，池田謙一・東京大学，御堂岡潔・東京女子大学，川上和久・明治学院大学，中村雅子・武蔵工業大学，山田一成・法政大学，稲葉哲郎・立命館大学，木村純・社団法人耕心学堂耕心会。以上の11名である。本書はそのなかの一つのサブプロジェクトとして，企画されたものである。

引用文献

飽戸弘,1968「投票行動の社会心理学」『放送学研究』19, 69-103.

飽戸弘,1989『メディア政治時代の選挙』筑摩書房。

飽戸弘,1994「投票行動研究の先駆と発展」，飽戸弘編著『政治行動の社会心理学』福村出版，12-43。

Akuto, H. et al. 1994, Tokyo Symposium on Cross-National Election Project, The University of Tokyo (Mimeo).

飽戸弘ほか1995『平成六年度科学研究費・総合研究（A）研究成果報告書，コミュニティの社会構造とソーシャル・ネットワークが投票行動に及ぼす影響』。

Barnes, S. H., Kaase, M., Allerbeck, K. R., Farah, B. G., Heunks, F., Inglehart, R., Jennings, M. K., Klingemann, H. D., Marsh, A., Rosenmayr, L. 1979 Political Action : Mass participation in five western democracies, Sage.

Dalton, R. J., Flanagan, S. C., Beck, P. A. Eds. 1984 Electoral Change in Advanced Industrial Democracies, Princeton.

Huckfeldt, R. 1986 Politics In Context: Assimilation and Conflict in Urban Neighborhoods, Agathon.

Richardson, B. M. & Flanagan, S. C. 1984 Politics in Japan, Little Brown.

第 I 部

ギャップウェアのアプリケーション構築

1章 ネットワークの中のリアリティ，
そして投票

池田謙一

1 グラスルーツの発見

　かつて1930年代にヨーロッパからファシズムに追われた優秀な科学者
は，アインシュタインやフェルミといった物理学者ばかりではなかっ
た。社会科学者も多数に上った。マンハイム，フロム，アドルノ，ホル
クハイマーらのヨーロッパの知的な奔流はこうしてアメリカに受け継が
れることになっていった。

　その流れの中でニューヨークにやってきた社会科学者の一人に，ラザ
ースフェルド（Lazarsfeld, P. F.）がいた。1933年にウィーンから渡米
した彼は，1940年以後ニューヨークのコロンビア大学に落ち着き，そこ
でマスメディアの研究を展開した。

　その一つの試みとして，選挙キャンペーンの効果を研究することとな
ったのは1940年，まさにヨーロッパに戦雲が立ちこめ，片やアメリカで
はニューディールの雄，フランクリン・ルーズベルトが大統領選4選を
目指して立ち上がったところであった。ラジオで生放送されたルーズベ
ルトの「炉辺談話」は彼の就任当時からよく知られ，彼がくつろいだ言
葉でわかりやすく政治について，また経済の現況について語りかけるそ
のスタイルの影響の大きさにも注目が集まっていた。

こうした中で実現したのが，オハイオ州エリー郡を対象にして行われた世論調査，『ピープルズ・チョイス』（Lazarsfeld, Berelson, & Gaudet, 1944）である。戦後のマスメディア研究史に巨大な影響をもたらしたこの研究は，技術的にも革新性の高いものであった。選挙戦の半年以上にわたって同一人物に対し，その人の持っている情報や意見の変化を，データ収集し続け（パネルデータと呼ぶ），それをもとに分析を進めたからである。

分析結果もまた衝撃性の高いものであった。一般の大衆の印象では，マスメディアは出現したときから巨大で強力なメディアであり，ルーズベルトやヒトラーに多くの人々を説得してしまう魔法の杖のようなものであった。だがラザースフェルドはそれに冷水を浴びせたのだった。人々は思ったほど，メディアに直接的に影響されておらず，赤子の手をひねるように説得され意見を変えたりはしていなかったのである。むしろ，人々は自分の周囲のオピニオン・リーダーの意見に耳を傾け，自分にとって不利なメディアの情報にはいい加減に接し，また自分の置かれた社会経済的な地位などに反応して，自分の投票先を決めていたのであった。

このことは，巨大な情報伝達手段を有するマスメディアでさえも，アメリカの健全な市民たちには強いインパクトを与えることはなく，むしろ市民は日常的な集団を一つのよりどころとして政治世界を生き抜いている，と解釈されていった。人々は大衆的なプロパガンダ手段に対してもしぶとく抵抗するが，そのよりどころの一つこそ，自らのグラスルーツとなる対人的な集団であった。このことは，イデオロギー的にはアメリカ市民の民主主義的な健全性の証明であると映り，永らく政治学やマスメディア研究に影響を与え続けることになった。

実は，この『ピープルズ・チョイス』とほぼ同じデータ，すなわち，マスメディアの直接的な説得効果は薄いというデータは，21世紀間近の日本にもある（池田，1988a, 1988b）。ということは，いまでもラザースフェルド的な状況は変わっていないとあえて語ることもできなくはな

い。

2 グラスルーツの情報環境

しかし，こうした選挙調査のデータをラザースフェルド的に解釈するには，どこかうさん臭いものがつきまとう。我々はマスメディア抜きには暮らせないではないか，我々の周囲に政治的なオピニオン・リーダーなどいないではないか，と多くの人が思うだろう。

これらに対する一つの回答は1970年代から徐々に用意されてきた。マスメディアの「認知的効果」などと俗称される一連の研究がその一つである。マスメディアは人々の情報環境を作るが，その中では人々を説得するというよりも人々が考える枠組みを作り出しており，人々はそこに情報を依存している。この枠組みの提供，情報依存こそが説得を越えたマスメディアの影響力の源泉だという考え方である。「議題設定機能」研究，「メディア依存」研究，「プライミング効果」研究，「フレイミング効果」研究などの流れである（池田，2000）。

もう一つの回答は，これも結果的には「情報環境」的な研究の枠組みに入る。ただし，ここでの情報環境はマスメディアではなく，対人ネットワークである。すなわち，我々にとって他者は，世間の情報に関する情報源である。彼らはマスメディアを媒介して情報を我々に提供してくれるかもしれないし，独自の情報取得手段を持っていて，それによって新しい情報をもたらしてくれるものかもしれない。こうした他者が我々の周囲を文字通り囲い込んでいるのである。彼らは我々に，何かせよ，とお節介にも説得するような存在では必ずしもない。ただただ楽しい会話の相手であったり，仕事のついでにいろいろな「ぼやき」を聞いてもらう相手であることの方が，むしろ普通であろう。あるいは，家庭で子どものことを話したり，またその学費の問題や家計のやりくりに頭を悩ませながら，最後は安い給料，高い税金，情けない政治に話が至る家族が周囲の他者の重要部分を占めるかもしれない。こうしたネットワーク

の中で生じるコミュニケーションは、「ぜひ××に清き一票を」的な説得的コミュニケーションではめったにありはしない。しかし、それが政治的に意味のない透明な会話かといえば、決してそうではない。

その理由の一つは、人々の語る政治が強い倫理的な色彩を帯びていることにある。いい／だめ、好き／嫌い、汚いことをしている／きれいごとばかり言っている、というような言説が良きにつけ悪しきにつけ広範に流布している（池田, 1997）。政治を語ることは人々にとって多くはないものの（政権交代が現実の可能性となった93年総選挙でも選挙期間中に10回以上も選挙を話題にした人はわずかに8人に1人である：同上）、話題になるときには評価的な言明が伴う。それはマスメディアの報道とは似て非なるものである。いかに「左がかった」あるいは「右寄り」のメディアでも、人々の日常会話以上に倫理的ではあり得ない。それが公共メディアの宿命であるのに対し、対人的なネットワークはそうしたことから自由である。

人々の会話が政治的な意味を帯びるもう一つの理由は、人々が政治を語るとき、語りは偶発的に湧き出ることが多い、ということの中にある。たまたま新聞を読んでいたり、テレビニュースを見るときに出る会話、会社の業績不振が酒場でたまたま話題になったときにその原因を語る会話など、そもそも政治を目的とした会話を考えていたわけではなくとも、政治が我々の生活の末端にまで影響を及ぼしているがために、偶発的に会話の話題となることがしばしば生じる。このことは、我々の周囲の人が、意図すると意図しないとにかかわらず、我々にとっての何らかの政治的情報源となっていることを意味する。これをここでは「対人的政治情報環境」と呼ぶこととしよう。

この対人的政治情報環境と会話の倫理色とが本章の鍵である。そこで、これらの影響力がいかにして検討可能か考えてみる。

ここでの影響力の対象が投票先だと考えたとき、つまりどの候補者に／どの政党に投票するかが何で決まるかを考えたとき、従来の研究の延長上にあれば次のような問いを投げかけることになる。つまり、オピ

ニオン・リーダーに説得されたことはあったか，特定の党派のキャンペーンに接触したか，選挙の候補者から直接に選挙はがきを受け取ったり後援会からアプローチを受けるなどしたか，あるいは職業を代表するような政党はあるか，こうしたことによって投票先が左右されるかどうか，これを検討することになる。ところが，そうしたアプローチが「うさん臭い」ものであるとすれば，どんなアプローチが可能だろうか（実は，これらの大部分は今でもそれなりの説明力がある）。

3　ソーシャル・ネットワーク・アプローチ

　その一つの方法は，当の人物の周りの他者や集団について尋ね，その他者や集団の形成するネットワークが帯びる政治色がこの人の投票先に影響しているかどうか，検討するものである。これをソーシャル・ネットワーク・アプローチという。あなたにとって日頃接触する身近で重要な他者数人が同一政党が好きだとなれば，あなたはそれに影響を受けないわけにはいかないだろう。日常の会話の中でその好意がかいま見えるようであれば，それに抵抗して反論するか，黙って聞き流すか，あるいはそんなものかと納得してしまうかどうかに関わらず，あなたはそうした好意の輪を意識せざるを得なくなるだろう。また，その輪からは当の政党に有利な情報しか聞こえてこないだろう。

　もちろん，あなたはいろいろな人とつき合っているかもしれない。だから，あなたの「周囲他者」の政治色も十人十色だと考えるかもしれない。しかし，実際問題として，それほど政治色は多様にはならない。全く等質的で単色になるばかりではないが，以下に見るように等質的な政治色の中に住まう人は多い。また，そうした状況は偶然に生じるものではなく，ランダムに接触しコミュニケーションしている人々が長い間に築きあげる人工的な産物として生じる。ラタネのネットワーク・コミュニケーション研究（Latané & Herrou, 1996），アクセルロッドの「文化」シミュレーションの研究（Axelrod, 1997）は，人々のコミュニケ

24

ーション過程そのものが，もともとあった複数のばらばらの十人十色の傾向の人々を淘汰し，まとめあげ，いくつかのグループを自然生成していくことを示している。こうして生成されたグループの中に生息する人々は，高い確度で等質的な情報，本章の文脈で言えば等質的な政治情報，を受け取る環境にいることが考えられる。

　一方，我々が対人的な情報環境を持つのは，何も自分にとって重要な人々に対してだけではない。あなたが所属し，活動している団体そのものにも，政治色はあるかもしれない。そしてその団体自体が積極的に推す候補者を持つ場合もあれば，集まる人たちが単に特定の政党に好意的だということも生じよう。そうした場合にも，対人的政治情報環境と同様の効果は生じる。

　ここでは，以上のような対人的もしくは集団的な情報環境が人々の政治行動にどんな関連性を持っているのか，日本のCNEP全国調査，CNEPアメリカ調査のデータを用いて検討していく。日米を比較するのは，日本人が同調的だとか，アメリカ人が政治を頻繁に議論するから影響が生じるのだ，などという文化特異的な解釈ではなく，より一般性を志向した知見を提供したいと考えるからである。

4　日本人のネットワークは小さい？

　CNEP国際比較調査（序章参照）は，世論調査におけるソーシャル・ネットワークの標準的な測定方法に従って（Burt, 1984），回答者にとって「重要な他者」をつぎのような設問から尋ねることとした。すなわち，「過去6カ月間を振り返って，あなたはあなたや社会にとっての大切なことがらを話し合った人がいますか」というものである。この回答にイエスの人は，さらに3人の「重要他者」について尋ねられた上で，最後に「今まで挙げた以外に，誰か他にあなたが特に政治について話をする人がいますか」と尋ねられる。最後の問いは，重要他者ではなくて「政治的会話の話し相手」をチェックするものである（両方を合わせて

ネットワークのパートナーと呼ぶ)。

　もともとこの標準的な質問形式を考え出したバートは，ネットワークの形態と情報流通に関心があり，それがもたらす社会心理学的な特性には強い関心を持たなかった。が，CNEP チームにとってはこの特性こそが関心の対象である。つまり，重要他者のネットワークの中で，我々は他者の政治選好がどのような影響力を持つかに関心を持ってきた。

　この関心からすると，ネットワークのパートナーの特性を尋ねた後，彼らの政治的な選好を推測させる質問を行うことになる。すなわち，「その方は今度の選挙でどの政党の候補に投票すると思いますか（もしくは投票したと思いますか)」という質問を行う。

　これらの特性について日米のデータを比較しよう。[1]

　まず，どれだけのネットワーク上のパートナーが挙がるかを比較したものが，表1-1である。驚いたことが起きている。「ネットワーク社会」という名称があるとすれば，それは米国より日本の方にふさわしいというのが，一般にもたれている先入観である。しかし，このデータはそれを裏切っている。日本人に「重要他者」をはじめとするネットワーク・パートナーがいないという人が34％もいるのである。これに対して米国では11％である。また，パートナーの数も平均値が日本で1.83，米で3.12であった。

　ここで何が生じているかは，必ずしも明らかではない。日本人に規範として見られる自己卑下傾向（村本・山口，1997）がここで生じ，「平凡で愚かな自分にとって『大切なことがら』を話す他者なんていない」という判断が面接調査の中で働いたのではないか，という推測もありえようが，それにしても調査の中で他の質問にはア

表1-1
ネットワーク・パートナーの数

	日本	アメリカ
0人	34％	9％
1人	35	18
2人	17	15
3人	8	19
4人	5	18
5人	2	22
人数計	1333	1318

メリカ人と同様にてきぱきと答えていた日本人の3割がこの問いとなると口が重くなったことに留意しておきたい。「親しい方」はいますかと問うと，日本でもアメリカ並の回答比率を得るので，「大切なことがら」が日本人にとって何か重大な「秘密の話」として聞こえたという可能性もある。

5　対人ネットワーク・パートナーの等質性

　回答者は，対人ネットワークのパートナーとはどんな人間関係にあるのだろうか。

　表1-2を見ると日本人の3分の1が配偶者を挙げ，次いで友人や同僚を挙げていることが明瞭である。アメリカでは尋ねたカテゴリーが多少異なるが，配偶者の比率よりも他の家族成員や親戚（other relativeとして一括して聞いている）の比率が高いようである。また友人を挙げる比率はとみに高い。日本では「パートナーはいない」となった回答がアメリカでは友人や親戚として挙げられている可能性はあるだろう。

　そうしたパートナーとの間の政治的な会話の頻度であるが，「ほとんど話さない」を1点，「いつでも話す」4点とするような尺度で測定し，平均値を算出した。結果は，日本では平均2.4であるのに対し，アメリカ人は2.9であり，大きな差というほどではないにせよ，アメリカ人の方で政治的会話がより多くなされていることが判明した。

　パートナーの投票政党についてはどうだろうか。

　調査では対人ネットワークがいかなる政治的環境を形成して

表1-2
ネットワークパートナーとの関係性

	日本	アメリカ
配偶者	31%	17%
他の家族成員	13	—
親戚	4	33
同僚	16	17
隣人	3	10
同じ団体に加入	4	—
同じ趣味の団体	2	—
同じ教会	—	9
友人	24	37

いるのか検討するため，彼らネットワーク・パートナーの投票政党を推測してもらっていた。そのデータを見てみよう。約半数の回答者は相手の投票政党が推測不能であった（「答えない」「分からない」を示すDK・NAの計である），それでも半数は政党名を特定できた（表1－3）。また何番目のパートナーであるかによって投票政党の推測が大きく異なるということはなかった。アメリカに関しては，日本よりDK・NAがはるかに小さいが，パートナーによって投票政党の推測が大きく異ならない点は同じである。

　これらのデータをもとに，対人的政治情報環境がどんな投票政党のパターンを形成しているのか検討しよう。手続き的には，ネットワーク・パートナーの各政党に対する「投票率」を計算し，それによってパートナーの出現パターンのクラスター化を行うこととする。パートナーの「投票率」は，たとえばパートナーが一人しかおらずその人が自民党に投票すると回答した場合には自民党100％となるが，4人いて全部自民党と回答した場合にも100％となるよう，計算した。これは，パートナーの数ではなく，パートナーが作り出す対人的な政治情報環境の等質性を検討することを意味している（分析手法はハイブリッド・クラスター分析）。

　対人的政治情報環境の等質性は何を意味するであろうか。

　それは，等質性が高いほど，偶発的に日常生活の中で特定の政党について一様に好意的な会話が生じる可能性が増大するだろうということである。

　こうして調べた回答者のパートナーの投票政党，すなわち対人的政治情報環境は表1－4のクラスター分析の結果に見る通り，たいへん等質的であった。対人ネットワーク内の自民党投票率96％を示す自民党中心型クラスターでは，他政党の投票者はほとんどいない。新生党中心型では，できたばかりの政党なのに同党への投票率が78％もあるが，自民党へは9％でしかない（もっともクラスターそのものの大きさは小さい）。公明党型では他政党の投票者は存在していない。同様のことは多かれ少

表1−3　対人ネットワーク・パートナーの投票政党の推測
日本の全国調査

	GDP				PDP
	1番目	2番目	3番目	4番目	
自民党	25%	22	19	11	29
社会党	7	7	7	4	6
公明党	4	4	5	7	7
新生党	3	4	4	11	4
共産党	2	1	2	1	1
民社党	1	0	2	1	0
新党さきがけ	1	1	2	4	1
社民連	0	—	—	—	0
日本新党	3	3	2	4	5
その他	2	1	—	—	1
投票しない	3	2	2	—	1
DK	43	50	52	50	37
NA	7	4	4	6	8
N	755	368	172	72	253

アメリカの全国調査（支持していた候補者）

	GDP				PDP
	1番目	2番目	3番目	4番目	
ブッシュ	34%	37	35	30	37
クリントン	41	37	38	43	41
ペロー	15	14	14	13	14
その他*	1	1	1	1	0
いない	2	2	2	2	2
DK	7	10	11	11	7
NA	1	0	1	1	0
N	1068	887	614	395	788

注：GDP：重要な話題について話すパートナー
　　PDP：政治の話のパートナー
　＊2人以上の候補者を支持していたと回答

表1-4 対人的政治情報環境のハイブリッドクラスター分析：
93年日本調査（全国）

クラスター	対人ネットワークの支持度							DK	N
	自民党	新生党	日新党	民社党	公明党	社会党	共産党		
自民党中心	.96	.00	.00	.00	.00	.01	.00	.02	197
新生党中心	.09	.78	.01	.00	.05	.03	.00	.03	35
日本新党中心	.09	.00	.71	.02	.03	.03	.00	.09	45
民社党中心	.06	.00	.00	.57	.00	.00	.00	.32	6
公明党中心	.00	.00	.00	.00	.95	.00	.00	.03	30
社会党中心	.03	.00	.01	.01	.00	.83	.00	.12	64
共産党中心	.02	.00	.00	.00	.00	.08	.80	.10	18
ＤＫ回答中心	.05	.00	.01	.00	.01	.00	.00	.89	490

なかれ日本新党，民社党，社会党，共産党でも生じていることが明白である。

　このパターンは，対人的政治情報環境が等質的であることを強く示唆する。新党においてすら等質的なのであり，異質な支持者の混じり合うクラスターは一つもなかった。つまり，同一対人ネットワーク内に複数の政党が競合することはなく，それは新党についてすら当てはまったのである。

　これと同じ分析を米国データについても行ってみよう。表1-5がその結果である。

　日本より異質性が高いことは言えるものの，それでも等質性がかなりの度合いに達することは明白である。ブッシュ型クラスターではブッシュへの投票者は86％でありクリントン，ペローへそれぞれ５％ずつでしかなかった。クリントン型クラスターはそれよりやや異質でクリントン74％，ブッシュ15％，ペロー８％であるが，それでもクリントン投票はブッシュ投票の５倍に達する。ペロー型のクラスターでもペロー投票が84％で他は低かった。日本とやや異なるのは，ミックス型の存在であ

30

表1－5 対人的政治情報環境のハイブリッドクラスター分析：
92年アメリカ調査（全国）

クラスター	対人ネットワークの支持度				
	ブッシュ	クリントン	ペロー	DK	N
ブッシュ中心	.86	.05	.05	.02	326
クリントン中心	.15	.74	.08	.01	579
ペロー中心	.05	.09	.84	.01	89
混合型	.38	.14	.44	.02	46
DK中心	.15	.11	.06	.59	164

る。投票者が混在しているこのクラスターは，しかし小さい。⁽²⁾

6　ネットワーク・パートナーのインパクトは幻か

　この対人的政治情報環境と回答者本人の投票政党との関連を検討しよ
う。結果は鮮明である。

　日本データでは，対人的なネットワークを持っていない場合やパート
ナーの投票政党が分からない場合，回答者の投票政党は広く分散した。
しかし，パートナーの投票政党が分かり，それをクラスターごとに見た
場合，対人的政治情報環境と自己の投票政党は非常に高い率で一致し
た。その率は自民党中心の対人環境クラスターで87％，社会党中心クラ
スターで72％，公明党中心クラスターで90％，共産党中心クラスターで
86％であり，新党でも新生党81％，日本新党74％と高かった。米国デー
タではどうだろうか。やはりブッシュ・クラスターで83％のブッシュ投
票，クリントン・クラスター72％のクリントン投票，ペロー・クラスタ
ー73％のペロー投票が見られ，全く同じ傾向を示した。

　この見事な一致に対しては異論もあるだろう。第一は，この一致がパ
ートナーの投票政党に対するDK・NA回答の多さによって実現してい
るというものである。つまり，DK・NA回答の中に異なる政党への投
票が多く含まれていることが考えられるというのである。それは，異質

であるからこそ知ることができないという可能性を示唆する。逆に言えば，知らないことが等質性の増大に寄与している可能性である。この可能性は完全には否定できないが，スノーボーリング・テクニックを用いて対人ネットワークの実データ，つまり話し相手本人のデータを取った分析では（池田，1999，2000），1998年の参議院議員選挙東京選挙区に関し，実際の投票との一致率は63％となり，認知の等質性ほどではなくとも，かなりの客観的な一致度を示した。また，DK・NA犯人説は，米国データでの類似知見を説明できない。米国データではDK回答は10％に満たないからである。

　もう一つの異論は，いわゆる「投影」の可能性である。パートナーの推測は自分の投票意図の反映であると考えるのである。自分は自民党支持だから話し相手も自民党だろうという外挿による推測である。この可能性について検討するために，ここでは統計的な手段を用いる。最後の節で，次の節で扱う加入団体の政治情報環境とともに，政党支持変数をコントロール要因として分析に投入して，対人的政治情報環境の効果を測定するのである。それが持つ意味はこうである。すなわち，政党支持をコントロールするとは，その回答者の政党支持という要因の効果を差し引いてもなお，対人ネットワークなり団体の情報環境の効果が投票行動に対して効いているかどうかを検討することを意味する。政党支持は，「投影」の最も大きな要因であろう。政党支持を分析の際にコントロールするのは，そうした投影によるバイアスを除去して正味の情報環境の効果を検討する一つの方法であり，本章は正味の効果もある，と主張する。

7　加入団体に目を向ける

　人々が加入しているボランタリーな団体は，何らかの政治的情報環境を作り出したり，より積極的に政党や政治家を推薦するために手紙や電話，あるいは会合によって，政治色を作り出している可能性がある。

労組や業界団体，生協，町内会などのボランタリーな加入団体のうち，最重要とする加入団体，2番目の加入団体から，手紙や電話，会合でどの政党の推薦を受けたかを尋ねたところ，働きかけを受けたことのない人々がそれぞれ71%，77%にも上った。

このことは，一般の団体がそれほど活発には政治的な活動をしているわけではないことを示している。しかしその不活発な中にもかなりの濃淡があることは，否定できない。自民党の候補者について働きかけを受けた人は14%，社会党7%，公明党は6%で，これらが比較的活発である。一方，新党では新生党は3%，日本新党1%，新党さきがけは0.5%と低かった。

こうした政党色をクラスター化し，さらにそれを加入団体を類型化したデータと合わせてチェックした。加入団体に参加していない人々が全体の32%，参加しているが特定の政党支持を持たない加入団体に所属している人が50%を占める（加入団体が複数でありうることも考慮した）。残りの17%の人々が自分が加入している団体の一つ，もしくは複数に政治色のある人々である。その比率は，自民党9%，新党系統2%，公明党3%，社会党4%であった。

それら政治色のあるクラスターがどんな団体から成り立っているか見ると，自民党では農協・漁協系と並んで町内会系統が強く，次いで業界団体であった。新党系では町内会系統と業界団体，公明党では圧倒的に宗教団体であった。また，社会党は労働組合であり，全体として予想されるとおりの結果であった。

一方，アメリカでは，団体非加入者が13%，団体に政治色のない場合が63%を占めた。特定の候補者に対しては，クリントン色が15%と多く，ブッシュ色は9%で，ペロー色は1%にも満たなかった。

これら政治色と投票政党（意図）との関連を見ると，日本では自民党中心の団体で自民党投票は70%，新党中心の場合は新党へ50%（自民党へ40%），公明党中心の団体で公明党へ81%，社会党では64%となっており，対人的情報環境ほどではないにせよ，一貫した傾向が見えた。米

国では，ブッシュ色のある団体で同候補へ61%，クリントン色で76%
で，これも同様に一貫していた（ペロー色団体は4人なのでカット）。

このように加入団体は，濃淡の差はあるものの，その活動や，それを
通じたコミュニケーション，もしくはそれを利用したコミュニケーショ
ンによって，政治的色彩を帯び，それが投票に影響を持つ可能性のある
ことが判明した。

8　リアリティと選択行動

今まで述べてきた投票への二つの効果要因，すなわち対人的政治情報
環境と加入団体の政治情報環境とを同時に考慮することで，投票行動に
与える情報環境の規定力をより立体的に検討してみよう。「投影」につ
いての議論のところで既に述べたように，ここでは政党支持という要因
の効果を除去して「正味」の情報環境の規定力を分析しようと考える。
政党支持は一般に投票に対する影響力は強く（三宅，1998）投票行動の
多くを説明するとされている。しかし，ここではその効果を除いてもな
お，情報環境が投票行動を規定しているかどうかを検討するのである。
分析ではそのほか，性，年齢，教育程度，収入による効果をコントロー
ルすることとした。

分析手法は多項ロジット分析で，説明されるべき投票の選択肢が3以
上あるときに有効である。アメリカの92年選挙は第3勢力であるペロー
候補が健闘した選挙であり，投票行動は3分されていた。日本の93年選
挙は新党の出現によって自民党支配の55年体制が崩れた選挙であり，投
票行動の主要な対象となった政党は9党もあった。ここでは9分した投
票行動を説明することはせず（それを行うには1万サンプルは必要だろ
う），自民党，新党（新生党，日本新党，新党さきがけ），中道政党（公
明，民社，社民連），左派政党（社会党，共産党）の4分を判別するこ
とを考える。社会党支持者には中道的な人々が混在していることはその
後の政党の離合集散にも明らかであるが，ここでは55年体制時の分類に

したがって分析する。

多項ロジット分析は非線形的な統計モデルを採用するので，分析結果をそのまま数値の形で表示するのではなく，分析結果から各要因の投票に対する正味の効果を確率的に再計算し，それを図示する形で分析を進めることとする。この種の分析では推奨される方法である（Long, 1997）。

結果を，政党支持の効果，対人的政治情報環境の効果，加入団体の政治情報環境の効果に分けて示す。これらは国ごとに全て同じ計算結果から導かれたものである。[3]

まず，政党支持の効果は一見して明瞭に見て取れる（図1‐1 A）。日本では，自民党支持者は他の要因が同じであれば80％近く自民党に投票する確率がある。また，左派の支持者は7割弱，社会党か共産党に投票する。一方，当時新たに結成されていた新党ではその比率は3割程度に落ちることが明瞭に見えよう。

アメリカではどうだろうか。二大政党の効果が明瞭である（図1‐1

図1－1 A　政党支持の効果：日本

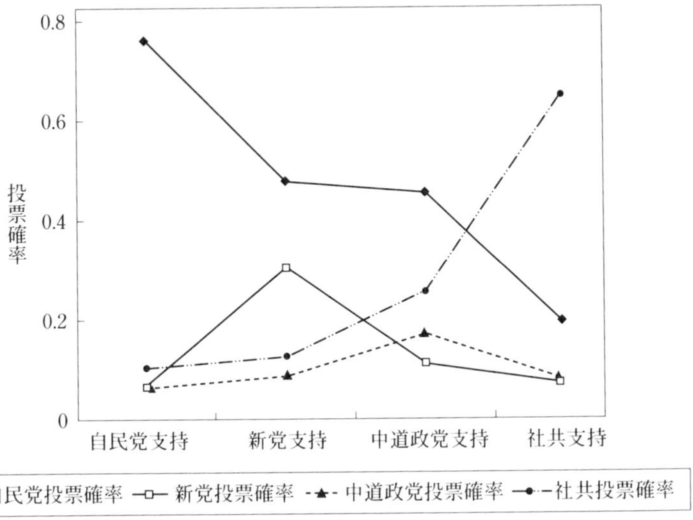

図1－1B　政党支持の効果：米国

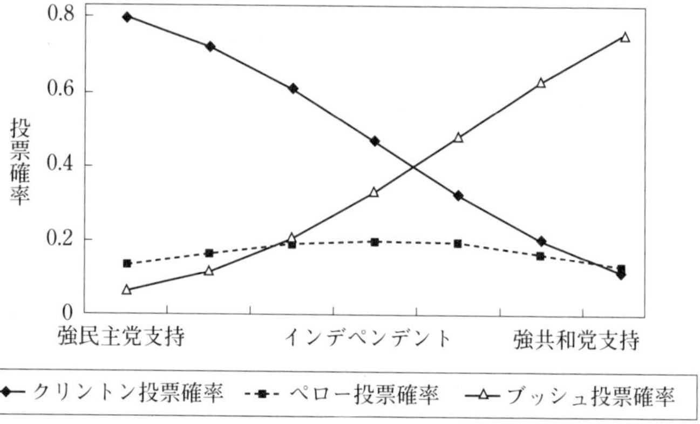

投票確率

強民主党支持　　　　　インデペンデント　　　　　強共和党支持

──◆── クリントン投票確率　　-■- ペロー投票確率　　──△── ブッシュ投票確率

B)。強い民主党支持者はクリントンに8割強投票し，強い共和党支持者はそれよりも少し劣る。クリントンがこのとき優勢であったことを反映して，両政党の投票確率の分岐点はやや共和党寄りになっている。つまり支持なし層（インデペンデント）では少しクリントン投票者が多くなっている。一方，ペロー投票者はこうした支持政党とはおおむね無関係で，緩やかに支持なし層や民主・共和の弱支持層で投票確率が高くなっていることが見て取れよう。

9　ネットワーク・インパクトのテスト

　こうした政党支持をコントロールした上での対人的政治情報環境の効果を見たのが図1-2Aである。次の3点が指摘できる。第一に，自民党の対人的政治情報環境の効果は政党支持の効果を除去しても明瞭である。周囲が自民党投票者である場合，本人も自民党に投票する確率は8割を超える。第二に，同様のことは新党でも生じている。新生党のクラスターでも日本新党のクラスターでもそれぞれ8割以上が新党投票者となる。第三に，左派政党に対する投票の場合，対人的政治情報環境の効きはやや劣るようである。社会党であれ共産党であれ，確率は6割に達

図1－2A　対人的情報環境の効果：日本

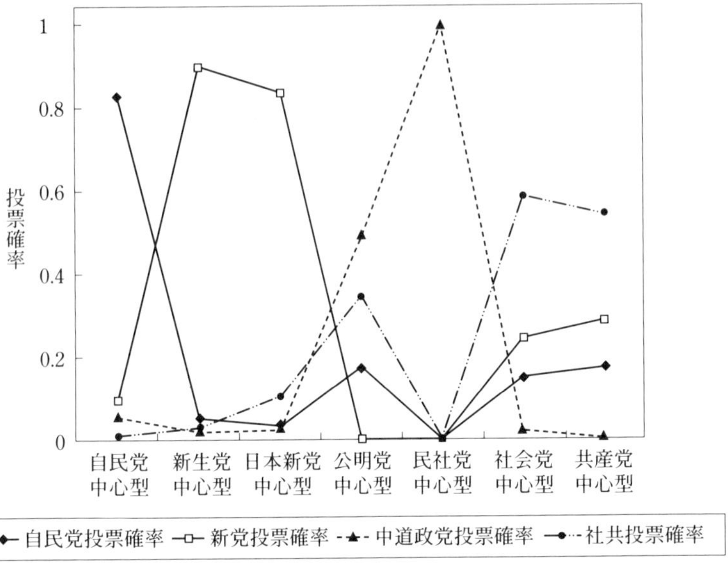

投票確率

自民党
中心型／新生党
中心型／日本新党
中心型／公明党
中心型／民社党
中心型／社会党
中心型／共産党
中心型

―◆―自民党投票確率　―□―新党投票確率　‐▲‐中道政党投票確率　―●―社共投票確率

図1－2B　対人的情報環境の効果：米国

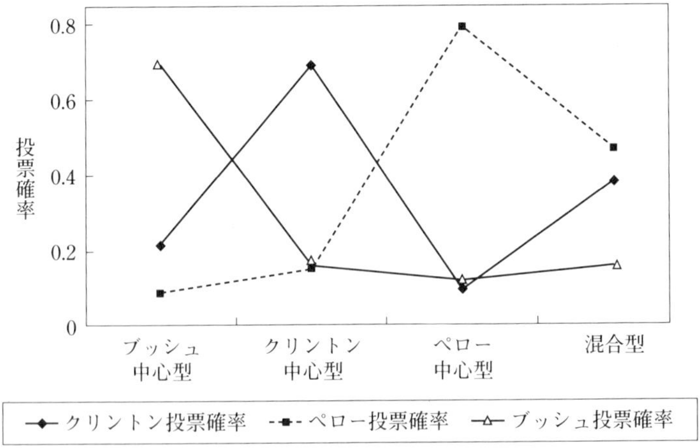

投票確率

プッシュ
中心型／クリントン
中心型／ペロー
中心型／混合型

―◆―クリントン投票確率　‐■‐ペロー投票確率　―△―ブッシュ投票確率

するかどうかという程度でしかない（それぞれ59%，54%。民社党で確率100%なのは，少人数の等質的なクラスターであったため）。

　自民党や左派政党で見られた強い対人的政治情報環境の効果は，アメリカではペロー投票者に見て取れる（図1-2 B）。ペロー投票者に囲まれた対人的政治情報環境ではペローへの投票率は79%に達する。これに対して，ブッシュ的な対人的政治情報環境，クリントン的な対人的政治情報環境は，ともに69%の規定効果が認められるのみである。この確率はペローへの効果と比べて低いことは低いが，それにしても，周囲がブッシュ投票者，クリントン投票者というだけで7割の投票者を引きつけることはやはり注目されてよいだろう。

　加入団体の政治情報環境効果についてはどうだろうか。日本では自民党の強さが目立つ（図1-3 A）。自民党のクラスターのみならず，政治色のない組織，新党寄りの組織にもかなり高い効果が見て取れるが，自民党以外の効果は人工的なものかもしれない。つまり政治色のない組織の保守性や，組織は新党支持だが回答者本人は自民党支持から変わっ

図1-3A　加入団体の効果：日本

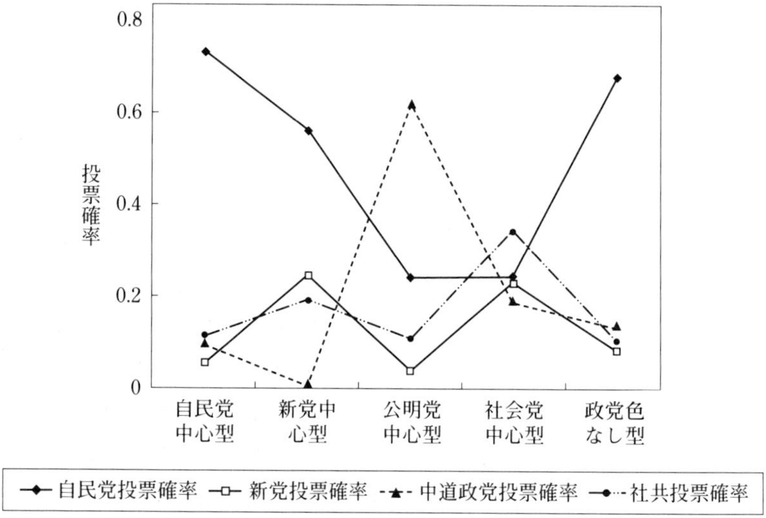

凡例：自民党投票確率　新党投票確率　中道政党投票確率　社共投票確率

図1－3B　加入団体の効果：米国

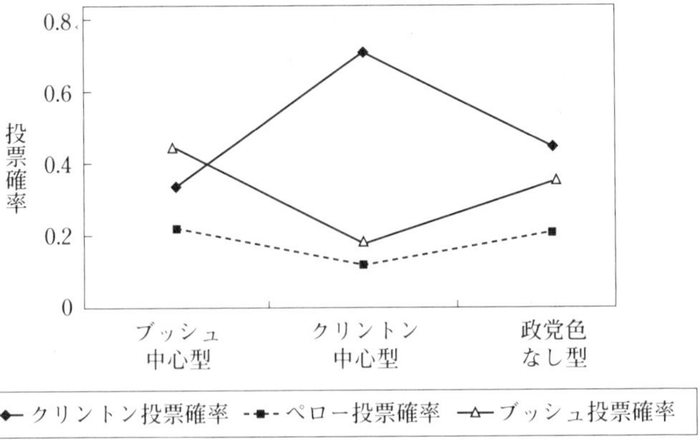

——◆—— クリントン投票確率　 --■-- ペロー投票確率　 --△-- ブッシュ投票確率

ていないなどの理由によるものかもしれない。また，公明党色の環境で
は公明党への投票確率は62％と健闘し，社会党色のそれでは左派政党へ
の投票率は34％と，それぞれ他より高い傾向にあった。新党色の環境
（新党中心型）では必ずしも新党にもっとも有利ではなく，新党は自民
党に次いで第2位の投票確率（25％）を得たのみであった。

　米国ではどうだろうか。図1-3Bに見るように，クリントン陣営の
強さが目立つ。クリントンを組織や団体が支持する場合，それらに加入
している回答者は，政党支持をコントロールしてもなお，71％もの確率
でクリントンに投票していたのである。ブッシュはこの点でも負けてい
た。

　さて，このように対人的政治情報環境，加入団体の政治情報環境を別
個に論じてきたが，では一人の人が，同一政党のネットワークにも囲ま
れ，組織もその政党支持である場合に，どの程度投票確率を上げること
が可能になるか，興味をひかれるところである。これは伝統的には多重
圧力の効果ということができるだろう。図は省略するが，結果は，強い
方の政治情報環境の効果を反映していた。自民党はどちらも強いが，新
党では効果の強い対人的政治情報環境の効果と類似した結果を得，社会
党に関しても同様だった。片やアメリカの結果は，民主・共和両党に関

しては一種の加算効果を示した。クリントン投票は対人的情報環境より1割5分支持を押し上げられ，ブッシュ投票は9％程度押し上げられていた。

10 語り合うことが全てではない

こうして見てきた対人的情報環境の効果は，必ずしも「会話」に媒介されているわけではない。「情報環境」という言葉から推測されるように，我々は直接，政治について語ることはなくとも，政治に関する情報が制約され，限定されていることによってもまた影響を受けると考えられる。

そこで，パートナーと政治的会話を交わす度合いによって，上記の結果が左右されないことを示すために，当初の計算式に政治的会話の頻度の変数を投入し，投票政党の推測との交互作用（相互的影響）を検討した。結果は表1-6に示されるようになった。全体として会話の濃淡によって差が出ないわけではないが，一貫しているとはいいがたく，また大きな差が存在するわけではない（より詳しくは本書第3章（木村）参照）。

「話すから影響が生じる」というよりは，「語り合うことが全てではない」と言ってよいだろう。これこそ情報環境のインパクトを如実に示している。つまり，等質的な他者によって囲まれること，これがポイントであって，床屋談義を繰り返すことがポイントなのではない。

11 分断された政治的リアリティ

かつてラザースフェルドはこう書いた。「人々は自分の所属する社会集団に『合わせる』ばかりではなく，その集団の『ために』投票するのである」と（Lazarsfeld et al., 1944, 邦訳 p. 218）。集団の「ために」投票するかどうかは本データではわからないが，ラザースフェルドの言明

表 1 ― 6　政治的会話の量と投票確率

日本

	政治的会話の頻度	自民	投票確率 新党	中間	左派
自民党クラスター	高	86%	9	5	0
	低	77	14	5	4
新生党クラスター	高	0	96	4	0
	低	4	88	1	7
日本新党クラスター	高	0	81	0	19
	低	5	82	5	8
公明党クラスター	高	0	0	46	54
	低	16	0	51	34
社会党クラスター	高	27	17	0	56
	低	7	27	3	63
共産党クラスター	高	11	0	0	89
	低	0	55	0	45

アメリカ

	政治的会話の頻度	クリントン	投票確率 ペロー	ブッシュ
ブッシュ・クラスター	高	18%	5	77
	低	18	9	73
クリントン・クラスター	高	76	15	9
	低	62	14	23
ペロー・クラスター	高	10	81	10
	低	8	76	15

の前半部分は依然として真実である。すなわち，人々は集団で投票するのである。このことは周囲の重要な他者の投票政党を知っている人に限られはするが，明白である。

　この主張が日米のデータにともに当てはまることを本章は明らかにした。政治文化の大きく異なる両国において，両者を区別できないほど対人的政治情報環境の力は一致していた。逆に言えば，対人的な環境の持つ力は文化の圧力を越えているということである。

　ただし，日本人はネットワーク・パートナーを尋ねる際に重要他者を指名しない，あるいは相手の投票政党が推測できないということがより頻繁に生じていた。このことの中に文化差が潜んでいる可能性はある。実際，パートナー自身からも回答を得た日米比較の地域調査に拠れば，日本人は本人とパートナーの間に客観的に不同意が存在する場合，相手の意見を正確に推測できない傾向がある（Ikeda & Huckfeldt, 1999）。だがこうした点を差し引いてもなお，本章で全国規模のデータで見てきたような日米共通の情報環境の等質性効果が存在することは，この地域調査が明らかにした点でもある。

　本章のデータが示す意味を社会全体の視点から見ると，興味深いことに気づかされる。つまり，対人環境は等質的だが，それはいくつかの別々な等質的な世界に分断されている，ということである。我々の住まう世界はそれぞれの政治的なリアリティの分断された世界なのである。ある人は自民党のリアリティの生きる世界に住み，ある人は新党行けるぞというリアリティの生きる世界に住んでいる。あるいは，当時は社会党の強いリアリティの影響下にある世界に住んでいる人もいた。この意味で，我々の世界は，住んでいる対人環境が異なれば，政治的なリアリティそのものも異なっているのである。言葉を換えて言えば，マスメディアがこれだけ発達しても，皆が同じ世界に住んでいるのでは決してない。存在するのはポストモダン的な状況である。

（1）　ここでいう「ネットワーク」は，網の目のように個人が複雑に絡み

合う多数の人々の集合体ではなく，きわめて身近な／重要な他者数人から構成される，いわば自己を中心にした「ネットワークの核」である。我々は自分にとって認知的に顕出的な少数の人々から影響を受けると仮定するのである。

（2）　対人的ネットワーク上のパートナーの数が少ないことが日本人の等質性のデータの見かけ上の値を見事にするのに貢献していることは事実である。つまり一人しかいなければ先程述べた投票率は計算上ある政党に対してのみ100％となり，他党へは0％となるからである。しかし，こうしたパートナーが一人のケースを除外しても，異質性最大の新生党のクラスターで異質な投票をするパートナー（自民党投票者）は18％にしかならなかった。このことを考えると，等質性の知見はなおも維持しうることが分かろう。また，米国ではパートナー数が多いにもかかわらず，同様の結果が出ていることに注目すべきである。

（3）　日米ともに多項ロジットモデルにおける従属変数のカテゴリー間の独立性に関するⅡA指標は有意ではなく，日本では従属変数の分割が適切であったことは裏書きされた。

[引用文献]

Axelrod, R. 1997. "The dissemination of culture : A model with local convergence and global polarization." *Journal of Conflict Resolution*, **41**, 203-226.

Burt, R. 1984. "Network items and the general social survey." *Social Networks,* **6**, 293-339.

池田謙一1988a.「投票意図の形成と情勢報道」東京大学新聞研究所（編）『選挙報道と投票行動』，東京大学出版会，pp. 217-238.

池田謙一1988b.「投票意図形成過程における諸要因」東京大学新聞研究所（編）『選挙報道と投票行動』，東京大学出版会，pp. 239-274.

池田謙一1997『転変する政治のリアリティ』，木鐸社。

池田謙一1999「対人環境と世論形成」，『市場調査』，No. 238, pp. 4-18, 世論科学協会。

池田謙一2000（印刷中）『コミュニケーション』，東京大学出版会。

Ikeda, K., & Huckfeldt, R. R. 1999（under review）"Communication, disagreement, and political micro-environments in Japan and the United States".

Latané, B., & L'Herrou, T. 1996 "Spatial clustering in the conformity game : Dynamic social impact in electronic groups." *Journal of Personality & Social Psychology,* **70**, 1218-1230.

Lazarsfeld, P. F., Berelson, B., Gaudet, H. 1944. *The people's choice : How the voter makes up his mind in a Presidential Campaign.* New York, NY. : Columbia University Press. ［有吉広介（監訳）『ピープルズ・チョイス』，芦書房，1987年］。

Long, J. S. 1997. *Regression models for categorical and limited dependent variables,* Thousand Oaks, CA : Sage.

三宅一郎1998, 『政党支持の構造』，木鐸社。

村本由紀子・山口勧1997,「もうひとつの self serving bias : 日本人の帰属における自己卑下・集団奉仕傾向の共存とその意味について」『実験社会心理学研究』，**37**, 65-75.

2章　ネットワーク認知の非対称性

山田一成

1.「ボーリング・アローン」

　アメリカでは1980年から93年までの14年間にボーリング人口が10%増加した。しかし，ボーリング・クラブへの加入は40%も減少したという。「ボーリング・アローン」というタイトルの論文を書いたハーバード大学の政治学者パトナム（Putnam, 1995）は，こうした数字から予想される孤独なボーラーの増加は，アメリカの社会資本が減少していることの表れであると指摘している[1]。

　資本などと言うとおおげさに聞こえるかもしれないが，近年のアメリカでは，個人の生産性に関わる物的資本や人的資本に対応させる形で，ネットワークや規範や社会的信頼など，相互利益のための調整・協力を促進するものを社会資本という概念によって議論するようになってきている。

　ボーリングを例に取れば，孤独なボーラーは黙々とハイスコアを目指すのみであるが，集団でボーリングをするとビールやピザを楽しみながらいろいろと会話が交わされることになる。また，そこから生まれる人間関係は，日常生活の困りごとや求人などについての情報交換をもたらし，相互の利益を生み出すことにつながっていく。そう考えてみると，

さまざまな形を取る市民の社会参加の低下が，アメリカ社会の「資本」の低下であることが見えてくる。

それにしても，なぜこうした低下が起こるのか。原因が明らかになっているわけではないが，パトナムは，女性の就業率の上昇，住居移動，未婚者率や離婚率の上昇，少子化，余暇生活の個人化などが原因ではないかと述べている。現段階では仮説にすぎないが，いずれも原因として検討に値するものばかりである。

一方，日本ではどうだろうか。社会資本としてのソーシャル・ネットワークは増えているのか減っているのか。われわれは思いのほか，こうしたインフォーマルな社会関係については漠然としたイメージしか持ち合わせていないのではないか。

人々は，誰とどのような関係を取り結び，会話を交わしているのか。また，そのことは，人々の意識や行動にどのような影響を及ぼしているのか。本章では，人々の間で交わされる「会話」に焦点を合わせながら，ソーシャル・ネットワークの社会心理学的な意味について考えていくことにしたい。

2.「点」と「線」

偶然に相互のメリットをもたらしてくれるようなインフォーマルな社会関係。そういうと，わかったような気になるが，これを経験的に研究するのは，それほどたやすいことではない。なにしろ相手は関係性の網の目である。人を「点」，関係を「線」として関係性の網の目をグラフ化すれば，それがどんなに複雑なものであるかが一目でわかるはずである。

これまで，そうした複雑なネットワークの研究には二つの代表的なアプローチがあるとされてきた。一つは，ネットワーク全体を対象とするソシオセントリック・アプローチであり，もう一つは，ネットワークを構成している個人を対象とするエゴセントリック・アプローチである。

特定の集団がある場合，この集団を構成するメンバー間のすべての関係を問題にするのが前者であり，個々のメンバーに焦点を当てて，それぞれの個人がどのような関係のなかにいるかを問題にするのが後者である。「線」に注目するのが前者であり，「点」に注目するのが後者であると考えてみると理解しやすいのではないだろうか。

エゴセントリック・アプローチはサンプリング調査との相性が良く，ミシガン大学の全国世論調査センター（NORC）が実施している総合社会調査（GSS）にも「過去半年の間に重要な問題を話し合った人」についての調査項目が導入されている。

もちろん，現実は「点と線」だけで再現できるようなものではない。[2]しかし，シンプルな「点と線」であるからこそ，現実のわかりにくさのなかから特定の意味連関を抽出することが可能だと言うこともできる。本章でもこのような前提に立ち，エゴセントリック・アプローチによって，ソーシャル・ネットワークについての調査データを分析することにした（以下，特に断りのない限り，分析の対象となるのは1993年の衆院選時に実施された「選挙と報道に関する世論調査（CNEP全国調査）」である）。

3．「大切なことがら」を話し合う

そもそも日本では，会話が「誰」と「どれくらい」なされているのか。まず，この問題について考えてみよう。

対人ネットワークの結節点である個人に焦点を当てた場合，さまざまな話題についての話し相手として，①血縁（配偶者，その他の家族，親戚），②地縁（隣人），③選択縁（友人，同僚，団体加入者）という3種類の対人ネットワークを想定することができる。情報環境に関する日本の調査では，こうした対人ネットワークについて考えるために，以下のような手続きで調査が実施された。

まず，過去6カ月間に「あなたや社会にとっての大切なことがらを話

し合った人がいますか」とたずね，一般的な話をする相手（GDP：general discussion partner）を最高4人まで回答してもらった。次に，以上のGDP以外に，政治についての話をする相手（PDP：political discussion partner）がいるかどうかをたずねた。[3] GDPを4人としたのは，3人以下の場合では大部分が家族や親戚となり，血縁以外のネットワークの存在が結果に反映されないおそれがあったためである。

調査結果は表2‐1に示すとおりである。1～4番目までを総合した場合のGDP件数（1～4番目までのどこかで挙がっていればGDPとしてカウント）では配偶者が最も多く，これに友人，仕事の同僚，その他の家族が続く。また，PDPについても，GDPに比べて配偶者の反応率が低下するものの，ほぼ同様の傾向が認められた。なお，3種類の対人ネットワーク同士を相互に比較すると，GDP，PDPともに血縁と選択縁の反応が多く，地縁は極めて少なかった。

表2‐1 対人ネットワークのタイプ

		GDP*					PDP**
		1番目	2番目	3番目	4番目	合計***	
血縁	配偶者	50	11	7	3	57%	27%
	その他の家族	9	23	14	6	19	12
	親戚	2	7	10	7	6	3
地縁	隣人	2	3	8	6	4	5
選択縁	友人	19	29	32	36	36	22
	仕事の同僚	14	19	15	18	22	19
	趣味などの団体	4	6	8	10	8	8
	その他	1	2	4	3	3	4
	DK・NA	1	1	3	13	2	1
N		755	368	172	72	755	253

* GDP：あなたや会社にとっての大切なことを話し合った相手（過去6ヵ月間）
** PDP：GDP以外で特に政治について話をする相手
*** 1～4番目までのいずれかで回答があればカウント

以上の結果のなかでまず注目されるのは，会話の相手を挙げない人の数の多さである（1章を参照）。ただし，このような結果は測定方法とも無縁ではないだろう。6カ月間のことを思い出すというのは簡単な課題ではないし，「大切なことがらを話し合う」といわれると，会話よりも討論をイメージしやすくなるからである。

　また，対人ネットワークのなかで，隣人を挙げる人が極めて少ないことも重要である。こうした結果は，地域社会において多くの人々が空間的には近接していても，主観的な情報環境においては互いに遠く離れた存在となってしまっていることを示唆しているように思われる。[4]

　これに対し，友人や仕事の同僚といった回答の多さは，非拘束的な選択縁の比重が高まっていることを反映しているように思われる。社会資本としてのソーシャル・ネットワークについて考える場合，これまで血縁や地縁が持っていた機能を，こうした選択縁が代替しうるかどうかが問題となるだろう。

　もちろん，ここで尋ねているのは「大切なことがらを話し合う」相手であるから，それが直接に相互扶助や政治参加とつながるわけではない。ひとくちに「大切なことがら」といっても，社会一般の問題と家庭内の問題とでは，また，政治の問題と趣味の問題とでは，ソーシャル・ネットワークの具体的な意味や構造がかなり異なってくるはずである。そこで次に，「政治」に関する会話に限定して，より具体的な形でソーシャル・ネットワークの構造を明らかにすることを試みた。[5]

4.「政治」について話し合う

　ソーシャル・ネットワークが社会資本であるように，政治についての会話はデモクラシーという政治制度をワークさせていくための資本となりうる。新潟県西蒲原郡巻町では1996年に原子力発電所の建設をめぐって住民投票が実施されたが，投票前の現地の様子を伝えるニュース番組は，現地の人々が討論する姿や，「1人1人がこの問題について3時間

は話せます」という住民の声を伝えていた。原発建設をめぐる住民投票の是非はともかく、こうした報道が投票の前提にある政治コミュニケーションの存在をクローズアップしていた点を見逃してはならないだろう。

　もちろん、衆院選のときに原発建設問題と同じことが起こるわけではないが、そうした視点から選挙時の政治コミュニケーションを見直してみることは大切である。人々は互いに話をせずテレビや新聞からの情報に従って投票するのか。あるいは、組織的動員に従って黙々と投票するのか。それとも、いろいろな人と話をしたうえで投票しているのか。

　それぞれの対人ネットワークにおける「政治についての話」の頻度について調べた結果が表2-2である。調査時期や調査票に含まれていた他の項目の内容を考慮すると、「政治」＝「今回の衆院選」と理解されることが多かったと仮定するのが妥当であると考えられる。

　結果を見ると、GDPについては「ほとんど話さない」と「DK・NA」を除いた割合が、1番目から順に83％、79％、74％、70％で、どの順位でも一定の頻度で政治についての話をしていることがわかる。また、PDPについては「いつも話す」や「ときどき話す」がGDPにお

表2-2　政治について話す頻度

	GDP*				PDP**
	1番目	2番目	3番目	4番目	
その人と会うときは 　いつでも話す	12	7	6	13％	11％
ときどき話す	38	36	32	26	33
たまに話す	33	36	36	31	47
ほとんど話さない	15	19	22	17	4
DK・NA	2	2	4	14	5
N	755	368	172	72	253

＊　GDP：あなたや会社にとっての大切なことを話し合った相手（過去6ヵ月間）
＊＊　PDP：GDP以外で特に政治について話をする相手

ける頻度と大差ないだけでなく,「たまに話す」割合が47%と GDP よ
り多くなっている。

このように,GDP においても一定の頻度で政治に関する話が行われ
ており,その頻度は PDP に劣らない。従って,政治コミュニケーショ
ンについて検討するためには,GDP と PDP の両方を考慮に入れなけ
ればならないことになる。そのため,以下では,GDP と PDP の両方
を考察の対象とし,そのうち「政治についての話」が行われていないも
のを除くことで,政治的媒介が存在するネットワークを特定化すること
にした。以下では,こうして特定化された「政治についての会話の相
手」を PCP(political conversation partner)と呼ぶことにする。な
お,詳しくは後述するが,この PCP はあくまで回答者に認知された
「政治についての会話の相手」である。

5.「孤立」しているのは誰か

この PCP の数をデモグラフィック要因別にみたのが表2-3である。
全体でみると,PCP が全くいない者が全体の42%。また,PCP が3つ
以上という者は10%で,残り48%の者の PCP 数は1または2であっ
た。

以上の結果に表れているように,今日の日本社会においては多くの
人々が対人的な政治コミュニケーションの網の目から離れて「孤立」し
たり「周辺化」したりしている可能性がある。しかも,何らかの PCP
と関わっていても,その数は1か2という者が大半である。もちろん,
話の内容や同じ相手との会話の頻度も重要な論点ではあるが,こうした
対人コミュニケーション回路の少なさはマス・コミュニケーションの発
達と対照的であり,マス・デモクラシー下における「社会資本」の貧し
さを反映しているように思われる。[6]

また,同時期に行われた世論調査(門田允宏・橋本昌児・河野啓,
1993)によると,当時は「政治への不満」が強く,「社会や政治の仕組

表 2 - 3 　政治についての会話の相手（デモグラフィック要因別）

		PCP数*						
		0	1	2	3	4	5	N
性別	男性	38	34	16	7	3	2%	651
	女性	45	32	15	6	2	1	682
年代	70歳〜	54	27	14	3	1	1	140
	60〜69歳	45	31	12	7	2	3	188
	50〜59歳	35	35	18	6	4	2	239
	40〜49歳	33	37	18	8	3	1	287
	30〜39歳	38	37	15	7	3	1	248
	20〜29歳	54	26	13	4	1	1	231
教育水準 **	高	34	32	19	9	3	1	351
	中	40	35	17	5	2	1	646
	低	54	30	8	4	2	2	327
本人の 選挙への 関心	おおいに関心をもっている	30	31	21	9	5	4	327
	かなり関心をもっている	34	39	17	7	3	1	515
	あまり関心がない	56	29	10	4	1	1	421
	全然関心がない	71	19	5	3	2	0	63
世帯員数	6人以上	39	38	13	6	2	2	219
	5人	47	31	13	5	2	2	198
	4人	43	32	15	6	3	1	324
	3人	38	32	20	8	2	1	240
	2人	38	34	16	6	5	2	261
	1人	54	27	12	4	0	2	90
世帯年収	1,000万円以上	30	30	23	10	5	1	129
	700万円以上1,000万円未満	34	32	19	10	3	2	182
	500万円以上700万円未満	32	36	17	8	4	3	230
	300万円以上500万円未満	34	39	18	3	3	2	218
	300万円未満	54	30	9	5	1	2	155
全体		42	33	15	6	2	2	1,333

*　PCP：政治についての会話の相手
**　「高」は専門学校・短大・大卒以上、「中」は高卒、「低」は中卒以下

みの変化」を望む声が高まった時期であるという。この結果と本調査の結果を照合してみると、そうした世論は「会話」として存在したというよりは、むしろ個人の心のなかの「政治意識」として存在したと言うべきであるように思われる。[7]

なお、デモグラフィック要因別に見ると、PCPが全くいない者は、女性、20代と60代以上、教育水準の低い層、選挙への関心の低い層、1人暮らし層、世帯年収300万円未満の層で多くなる傾向が認められた。これらのうち、全体の値からのへだたりを考えれば、教育水準や選挙への関心はある程度PCP数と関連していると言えるが、その他の要因との関連については、大きなものとは言い難い。当たり前のことだが、PCP数はデモグラフィック要因によってすべて決まってしまうようなものではなく、むしろ社会心理学的要因によって規定されていると考えるべき結果である。[8]

ただし、そう言ったからといって、社会構造的要因が重要でないというのではない。今回の調査では分析できないが、日常生活のレベルで考えてみれば、町内会・自治会・管理組合といった組織の特性や、保育園や幼稚園に通う子供の有無といったことが、ソーシャル・ネットワークを規定する大きな要因であることが思い出されるからだ。「向こう3軒両隣」といった回答が少なくても、地域性をベースにした選択縁までが否定されるわけではない。そう考えてみると、居住地のコミュニティ活動が盛んかどうかといった、具体的な状況がより重要であるようにも思われる。

さらに言えば、人々が毎日の生活のなかで行っているのはトータルな意味での「会話」であって、「政治についての会話」はそのなかの一つに過ぎない。とすれば、より大きなコミュニケーションの構造が「政治についての会話」を規定しているかもしれないと考えてみるべきだろう（3章を参照）。

6.「マスコミ」か「くちコミ」か

　それにしても,「政治についての会話」はそれほど重要なものなのだろうか。床屋談義と言われるように,そうした会話は間をもたせるための世間話に過ぎないのではないか。むしろ,政治コミュニケーションとして重要なのは,テレビ,新聞,雑誌などを介したマス・コミュニケーションではないか。そう思われる方も少なくないと思う。しかし,これについては,以下のような二つの反論が可能である。

　一つは古くからある世論研究の議論である。19世紀フランスの社会学者タルド (G. Tarde) は,世論研究の対象について次のように述べている。「流れの勢いこそときに変わるとはいえ,あらゆる時代のあらゆる場所で人目につかぬまま湧き流れつづけている世論の小さい泉,つまり会話を研究するのが当を得ていよう」(訳書90頁)。

　もちろん,タルドの時代にテレビはなかった。しかし,テレビの出現以降にも,同様の視点からマスメディアに対するパーソナル・コミュニケーションの優位性を主張した議論がある。ブローワー (M. Brouwer, 1967) の菌糸体モデル (mycelium model) がそれである。このモデルでは,マスメディアは地上にある「きのこ」であり,パーソナル・コミュニケーションは地中に網目状に張り巡らされている「菌糸」であるとされる。植物学において「きのこ」より「菌糸」の方がより根元的な形態であるのと同様に,社会的コミュニケーションにおいても,マスメディアよりもパーソナル・コミュニケーションの方がより根元的な形態であるというのである。社会に存在するさまざまなパーソナル・コミュニケーションやフォークロアがメディアという装置によって集合・結晶化した結果がマスメディアという特殊な形態として表れるのであって,メディアが全てに先行するわけではない。ブローワーはそう主張している (岡田直之,1988)。

　もちろん,現在の日本で,多くの人々が毎日のように政治について討

論をしているというつもりはない。実際には床屋談義と言われてしまうような世間話としての会話がほとんどかもしれない。しかし，だからといって，「政治についての会話」の重要性が否定されてしまうわけではない。というのは，会話の内容もさることながら，会話の背後のネットワークの存在や，その社会心理学的なメカニズムが，われわれの政治に対するリアリティを決めているかもしれないと考えられるからである。これが2つ目の反論である。政治コミュニケーション研究のニュールックである政治的媒介研究は，こうした視点から「政治についての会話」に焦点を当てている。

7．政治的媒介研究とは何か

　55年体制が崩壊し政界の再編劇が繰り返されても，「政治の世界」は有権者から遠く離れており，国政レベルでは有権者が「政治の世界」と直接接触することはほとんどないと言ってよい。しかし，いざ選挙となると，高率であるとは言えないまでも，一定の割合の人々が，遠く離れた「政治の世界」について，何らかの手段で情報を入手し，意思決定を行っている。

　ここで重要になるのが，有権者と「政治の世界」との間に位置する政治的媒介の存在である。こうした媒介は，個人，組織，マスメディアなど，さまざまな形態をとりうるが，いずれも個人に政治情報を伝達する機能を有していることに変わりはない。こうした政治的媒介は投票行動や世論形成に大きな影響を及ぼしていると考えられるが，明確にこの点に焦点をあてた研究が一つの流れを作り始めたのは比較的最近のことである。

　従来の投票行動研究を振り返ると，アメリカで盛んであった個人的要因に注目するアプローチでは，ミシガンモデルや合理的選択理論に代表されるように，投票者を「孤独な意思決定者」として描く傾向が強かった。一方，ヨーロッパで盛んであった社会構造要因に注目するアプロー

チでは，個人の投票行動は社会集団の影響を受けると仮定しながらも，そのメカニズムについては無視に近い状態であった。こうして，情報環境や政治的媒介に焦点を合わせた研究はメインストリームから逸脱した位置に留まっていたのである。

ところが，70年代末以降，欧米では投票行動研究の結果が「政治状況の変化」を告げるようになる。ヨーロッパでは社会集団や階層的・宗教的亀裂の重要性が低下し，アメリカでは持続的な政党支持の減少や社会集団の影響力の低下が明らかになった。こうした変化のなかで，投票行動研究における新しいフレームとして登場してきたのが情報環境や政治的媒介に関する研究だったのである。

投票行動と個人を取り巻く環境との関連については『ピープルズ・チョイス』（Lazarsfeld, et al., 1944）や『パーソナル・インフルエンス』（Katz & Lazarsfeld, 1955）などの研究に代表されるように，既に多くの実証研究がある。しかし，政治的媒介研究に代表される新しいアプローチは，個人を取り巻く環境を情報環境として捉え，投票行動への非意図的な情報の効果に関する理論化を試みている点で従来のアプローチと一線を画している。

われわれは日常会話のなかで，偶然，相手の政治的傾向に接することがあるが，会話の相手となる者たちの政党支持に偏りがあれば，個人はそうした偏りのある情報環境のなかで，投票に関する意思決定を行うこととなる。例えば，民主党支持者の多い環境に所属する者ほど民主党に好意的な情報に接触しやすくなり，そのことが民主党候補者への投票につながりやすくなると考えられるのである。このような非意図的な影響に焦点を合わせたところが，政治的媒介研究がラザースフェルドらの先行研究と大きく異なる点である。

政治的媒介研究では，個人に影響を及ぼしうる情報源として，対人ネットワーク（配偶者，隣人，同僚），第2次組織（政党，労働組合，教会），マスメディア（テレビ，新聞）の三つが想定され，それらの間の相互作用や同化・対立といった効果の方向性が考慮され，総合的なモデ

ルの構築が目標とされている。また，ハックフェルトらは自らの理論的立場を以下の三点に要約している（Huckfeldt, et al., 1993）。

①政治情報は媒介されるものである。そのため政治情報には情報源特有の偏向が認められる。しかし，人々は政治や政策についての複雑さや曖昧さに遭遇すると，こうした情報源に頼るようになり，その結果，真空の中で政治的選択を行うような孤立した個人ではなくなる。このように，政治現象は個人が「独特の偏向や解釈をもたらす情報環境」に取り囲まれているという視点から最もよく理解される。

②人々は政治情報や政治的媒介を求めるときに意図的に行動する。これは合理的選択理論に通じる考え方であり，人々が情報獲得のコスト・パフォーマンスを考えていると仮定する立場である。個人は注意深く媒介を選択することで，流れ込んでくるトピックをコントロールする。また，個人は自分の政治的先有傾向に適合するように情報源を選択する。つまり，個人は政治的に同じ立場の政治的媒介から情報を得ようとするのである。

③個人は特定の情報環境のなかに位置し，この情報環境は個人の情報の選択肢の幅を制限する。共和党員の家庭で育った者が共和党寄りでない情報に接するのは希だろうし，他の全ての条件が同じなら，民主党員は民主党寄りの偏向を持つ情報源を選択するだろう。ただし，実際には，他の全ての条件が同じではないため，個人はしばしば政治的に異なる立場の情報にも接触することになる。

以上が政治的媒介研究の基本的な立場であるが，こうした理論が現実の投票行動をどれくらい説明できるかについては他の章で検討されているので，本章では「政治についての会話」に焦点を合わせた分析を行った。「政治についての会話」に関する研究は，政治的媒介の基礎研究であると同時に，世論研究（特に世論形成過程に関する研究）としても，重要な意味を持っているからである。

ただし，政治的媒介研究におけるエゴセントリック・アプローチによる「政治についての会話」の測定には，重要な問題が残されている。そ

の問題とは，個人によって認知された「会話」は，本当に両者の間に存在したと言えるのか，という問題である。

8．ソシオメトリーとネットワーク認知

　ソーシャル・ネットワーク研究と関連の深い集団研究の領域に，ソシオメトリー（sociometory）と呼ばれる理論と技法の体系がある。ソシオメトリーとはルーマニア生まれの社会心理学者モレノ（J. L. Moreno）が開発したもので，その名のとおり集団のなかの人間関係を測定・研究することを目的としている。集団のなかには「班」や「上司—部下」のような制度化された関係があると同時に，「気の合う仲間」のような制度化されていない関係も存在する。これらのうち，ソシオメトリーは後者のインフォーマルな関係を明らかにする方法である。

　こうしたソシオメトリーの技法の一つに，ソシオメトリック・テストという測定法がある。小学校で「なかのよいおともだちを3人までかきなさい」などと言われたことのある人も少なくないと思うが，ソシオメトリック・テストでは，このような質問によって回答者が集団内の誰を選択／排斥しているかが測定される。そして，個々のメンバー間の回答を照合することで，メンバーが相互に指名し合っている「相互選択」や，一方が指名しても他方からは指名されていない「一方選択」などの関係が明らかにされる。

　こうした研究は興味深い論点を数多く提示してきたが，ここで問題にしたいのは，自分では指名した相手との関係を「相互選択」だと思っていても，相手は自分との関係を重視しておらず，実は両者の関係は「一方選択」であったという「関係性に関する意味のズレ」である。

　もちろん，こうした意味のズレはネットワーク研究においても古くから指摘されている。例えば，アメリカで新薬の普及過程を研究していたコロンビア大学のコールマンたち（Coleman, et al., 1957）は，医者のネットワークを調べるべく，医者たちに「友人の医者」の名を挙げさせ

ている。しかし，それらのうち，友人の名前を挙げた者が，相手からも
「友人」として指名されたケースは全体の37%に留まったといわれている。

　少し考えてみると，こうした話は意外に身近なところでも見聞きされるものであることがわかる。長年連れ添って来たはずの妻に突然「離婚届」を突きつけられ，言葉を失ってしまった夫の話が新聞の社会面で話題になってからもうずいぶんになる。また，最近では熟年離婚すら珍しくなくなっているという。偕老同穴や比翼連理と言われるように，互いのことを気遣いながら十分に分かりあっている夫婦も多いとは思う。しかし，それは努力なしには得られないものであり，同床異夢という正反対のことがらを示す格言もちゃんと存在している。これら両極の間には，さまざまな人間のドラマがあるに違いない。

　このように，個人の関係性の認知を重ねていくと，同床異夢とでも言うべき会話の存在が浮かび上がってくるが，今回の調査でも次のような「政治についての会話」に関する「同床異夢」が発見されている。

9．夫婦間の「非対称性」

　PCPを構成する話し相手の割合を調べた結果が表2‒4である。この表にはPCP数が1以上の777名をベースとして，それぞれの「政治についての会話」の相手の割合が記載されている。全体における結果はGDPの「4番目までの合計」と非常によく類似しており，最も多いのが配偶者の56%で，これに続くのが友人，仕事の同僚，その他の家族である。

　しかし，こうした結果は回答者の属性ごとに大きく異なっている。属性の組み合わせ方によってさまざまな集計が可能だが，ここでは性別と教育水準の組み合わせによって6つのグループを作り，グループ間の反応の違いに注目することにした。その理由は次の二つである。①さまざまな先行研究により，個人の所属するソーシャル・ネットワークの形態

表 2 − 4　政治についての会話の相手 (性×教育水準別)

教育水準**		男性			女性			全体
		高	中	低	高	中	低	
血縁	配偶者	38	43	33%	72	77	69%	56%
	その他の家族	20	13	15	23	17	16	17
	親戚	5	6	5	6	6	4	5
地縁	隣人	2	4	10	4	3	9	4
選択縁	友人	33	31	35	31	28	25	31
	仕事の同僚	51	40	24	7	8	5	24
	趣味などの団体	5	9	10	6	8	9	8
	その他	2	3	3	3	1	4	2
	DK・NA	1	1	1	0	0	0	1
N		124	177	94	107	213	55	777*

*　政治についての会話の相手数が0の者を除く
**　「高」は専門学校・短大・大卒以上，「中」は高卒，「低」は中卒以下

が男女で大きく異なっていることが判明している。②近年の政治的認知研究により，さまざまな政治意識や政治行動が政治的洗練度 (political sophistication) の高低によって異なっていることが判明している。[9]

　性別と教育水準を考慮した分析の結果，次のような興味深い結果が得られた。①男性では，配偶者，その他の家族，友人，仕事の同僚の四つに反応が集中している。②男性ではこれら四つの PCP の大小関係が教育水準によって大きく異なり，水準の高い層では配偶者よりも仕事の同僚が多く挙げられるが，低い層では逆の傾向が認められる。③女性では配偶者に回答が集中し，友人，その他の家族がこれに続く。④女性では，これら三つの PCP の順位は教育水準別に見ても全く同一である。

　こうした知見のうち，特に注目すべきなのは，男女間で「配偶者」を挙げる者の割合に大差がついている点である。男女間では「仕事の同僚」でも大差がついているが，これについては就業率の差によって説明が可能である。しかし，「配偶者」の差については十分な説明を行うこ

とが容易ではない。表2-5では，既婚者に限定して男女別の集計を行っているが，「配偶者」では男女間で39ポイントもの大差がついている（有配偶者率は男女とも85％前後と大差ない）。

相手があって成立するのが「会話」である。夫婦間で「会話」があったというなら，配偶者を挙げる割合は男性でも女性でもほぼ同じ割合になるはずである。ところが，調査結果はこのような予想とは全く異なるものであった。ここではこのような現象を「配偶者間におけるネットワーク認知の非対称性」と呼んで議論することにしたい。

それにしても，なぜこのような現象が生じるのか。やや形式的な議論ではあるが，原因としては，①会話時の認知・同定の偏向，②回答時の想起の偏向，③回答時の表明の偏向，という三つの要因が考えられる。[10]

①会話時の認知・同定の偏向　会話がなされていても，一方がそれを「政治についての話」として認知・同定しなければ，その時点で非対称性が存在することになる。こうした現象は，回答者にとって「政治」という言葉が何を意味するかということや，「話の内容」の水準の認知な

表2-5　政治についての会話の相手（全体・既婚者×性別）

性別		全体		既婚者	
		男性	女性	男性	女性
血縁	配偶者	39	74%	47	86%
	その他の家族	16	19	11	13
	親戚	5	5	7	6
地縁	隣人	4	4	5	4
選択縁	友人	32	28	31	25
	仕事の同僚	40	7	42	7
	趣味などの団体	8	8	7	7
	その他	3	2	3	2
	DK・NA	1	0	1	0
N＊		401	376	336	325

＊　政治についての会話の相手数が0の者を除く

どによって生じると考えられる。自分にとって「政治」が国政，地方政治，選挙といったものを意味していても，相手にとっては町内会や地域の運動への参加を意味しているかもしれない。また，そのいずれであっても，「話の内容」の水準には，単なる政治的アクターについてのウワサ話から政治的イッシューについての判断まで，質的な差があって当然である。さらに，組織内の上下関係を念頭におけばわかるように，力関係のなかで下位にある者にとっては会話と認知されても，上位の者がそう思っていないケース（あるいは，その逆）も想像可能である。これらの点は自己報告による調査研究が抱える問題点でもある。

②回答時の想起の偏向　会話がなされており，双方がそれを「政治についての話」として認知・同定していても，調査の質問項目に回答するときに配偶者間で想起率が異なれば，結果には非対称性が認められることになる。こうした現象の一因として考えられるのは所属ネットワークの数で，形式的には，多くのネットワークに所属する者ほど一人当たりの想起率は下がると考えられる（もちろん，これは男女に限った話ではない）。

③回答時の表明の偏向　会話がなされ，双方がそれを「政治についての話」として認知・同定し，配偶者間でそれが同じように想起されたとしても，何らかの理由で表明されないとすれば，結果には非対称性が認められることになる。こうした現象の原因として考えられるのは，一種の文化的な「規範」や「欲求」である。

この他にも，いくつかの要因がありうるだろうし，複数の要因が同時に作用することも十分に考えられる。

また，こうした点について検討するためには，調査対象者とその配偶者の両方から回答を得られるような調査研究を計画する必要がある。もちろん，そのときには，調査対象者と調査員の関係を視野に入れることや，見えにくい「男女間の力関係」に敏感であることが不可欠となる。

残念なことに，今回は，利用可能な調査のなかに，夫婦両者に全く同じ質問をした調査は見あたらなかった。ただし，千葉と徳島で実施され

た調査では，若干の質問が回答者と配偶者の双方に行われていたので
（配偶者へのスノーボール・サンプリング），こうしたデータを適宜利用
しながら，以上の仮説と整合的な結果が得られるかどうか，検討してみ
ることにしたい。なお，今回実施できたのは，単一の要因での説明可能
性についての検討である。

10. なぜ「会話の相手」にならないか

　まず，会話時の認知・同定の偏向についてであるが，ここでは「回答
者が配偶者の政治的洗練度を低いと認知した場合には，配偶者は PCP
として認知されにくくなる」という仮説について検討することにした。
　千葉・徳島両調査では，政治的洗練度の測度として回答者による配偶
者の「政治についての詳しさ」の評定が利用可能であった。結果は表
2-6 に示す通りであるが，同じように「大切な問題を話し合う」相手
として配偶者を挙げていても，配偶者の政治的洗練度を高いと認知して
いる場合ほど，配偶者が「政治についての会話」の相手として挙げられ

表 2-6　政治についての会話の相手として配偶者を挙げた者の割合
　　　　　（既婚者：%）

配偶者の政治的洗練度の認知	千葉		徳島	
	男性	女性	男性	女性
高	100 (2)	88 (17)	100 (3)	82 (17)
中	93 (30)	92 (59)	71 (58)	67 (78)
低	57 (37)	33 (9)	66 (38)	22 (9)
DK・KA	14 (7)	33 (6)	40 (5)	0 (9)
N	(76)	(91)	(104)	(113)

注：数字は配偶者を挙げた者の割合。（　）内の数字は人数。（例：千葉の男性で
　　「大切な問題を話し合う相手」として配偶者を挙げた者は76名。このうち配偶者
　　の政治的洗練度を「中」とする者が30名。この30名のなかで，配偶者を「政治に
　　ついての会話の相手」として挙げた者は93%。）

る割合が高く，一見，仮説に適合的な結果となっている。

しかし，ここで「一見」といったように，徳島調査では政治的洗練度による影響が認められるにもかかわらず，配偶者間におけるネットワーク認知の非対称性が認められない（山田一成，1995）。しかも，これ以上検討を加えようにも，全国調査では政治的洗練度が測定されておらず，また，千葉・徳島の両調査はサンプル数があまりに少なく複雑な分析に耐えない。残念ながら，更なる検討は今後の課題とせざるを得ない。ただし，こうした偏向が起こりうることが否定できないのも事実である。今後は，他の要因を統制してもこうした傾向が認められるかどうか検討する必要があるだろう。

なお，今後の研究では，認知の具体的内容についても検討する必要がある。千葉・徳島の両調査では「配偶者の候補者選択についての推測」を尋ねているが，結果は千葉・徳島とも，当たっているかどうかは別にして「推測できた者」が約4割，「できなかった者」が約6割という結果であった。また，「推測できた者」のうち正解は千葉で7割，徳島で9割，「できなかった者」のうち，配偶者に候補者選択があるのに正解に至っていないケースが千葉で6割，徳島で4割であった。こうした結果を総括すると，全体のうち，①配偶者に候補者選択があり，それを正しく知っているのが3割強，②配偶者に候補者選択があり，それを知らないのが3〜4割，という結果になる（男女差は認められなかった）。

配偶者は「政治についての会話の相手」として最もよく挙げられるが，その割には，基本的なことがらを双方が了解するに至っているケースは全体の3分の1程度であると言わざるを得ない。もちろん，地方の首長選と衆院選を同一視してよいわけではないが，少なからぬ政治的会話が世間話程度のものである可能性は，常に念頭におく必要がある。

11. ネットワークサイズは影響するか

　また，仮に政治的洗練度の影響があるとしても，「ネットワーク認知の非対称性」の原因がそれだけに限定されるわけではない。会話時の認知・同定の偏向とともに，他の偏向が生起している可能性も十分にある。そこで次に，回答時の想起の偏向について検討することにした。

　まず，「夫と妻のPCP数の差がネットワーク認知の非対称性をもたらす」という仮説（ネットワークサイズ仮説）について検討しよう。家族をネットワークと見なすことに抵抗を感じる人もいるかも知れないが，ネットワークの違いが家庭内の夫婦関係に影響を与えるという学説は決して特殊なものではない。例えば，ボット（Bott, 1955）は，夫婦に共通の知人が少ない場合（夫婦のネットワークが拡散している場合）には，夫婦がともに同調しなければならない規範がないだけでなく，家庭の外部からの援助も期待できなくなり，その結果，夫婦は柔軟な役割分担を余儀なくされると主張している。また逆に，ウェルマンら（Wellman & Wellman, 1992）は，家庭内の課題が多いと夫婦が助け合う必要が生じるとともに外部からの援助を必要とするが，課題が少ないとその必要がないので，ネットワークが拡散した密度の低いものになると主張している。

　課題が先かネットワークが先か——この点において両学説は異なっているが，それらが夫婦関係をより広いネットワークとの関係において捉える点は共通している。もしも，こうしたことが起こるとしたら，ネットワークの存在が，夫婦間で起きていることに影響を与えていてもおかしくはない。

　そこで，既婚者を対象にして，PCP数が多い場合と少ない場合とで，そこに配偶者が含まれる割合が異なるかどうか男女別に調べてみた。男女とも配偶者の他に多くの話相手を持つ場合には，そうでない場合よりも「政治について配偶者と話したこと」を軽んじたり忘れてしまったり

しているかもしれない。

しかし，結果はこうした傾向を示さなかった。男性のPCP数1の層では他よりもずいぶん低い数字であったが，それを除けば，全体として配偶者が含まれる割合がPCP数の影響を受けているとは言えない結果だったのである。[11]

また，「夫婦の就業形態パターンの違いがネットワーク認知の非対称性をもたらす」という仮説（就業形態仮説）についても検討した。農家や自営の商工業のように夫婦が一緒に働く時間が長い場合には，配偶者が会話の相手として選ばれる頻度が上がるだけでなく，他の会話相手の数も少なくなり，結果として非対称性が起こりにくくなる。これに比べると，勤め人の夫と専業主婦の場合には配偶者と会話をする時間が限られ頻度も減り，家庭の外にも会話の相手がいる可能性が高まり，結果として非対称性が起こりやすい——そう考えたのである。しかし，結果はまたしてもこうした傾向を示さなかった。自営業では男女とも配偶者を挙げる率が他の職業より高くなってはいなかったのである。[12]

男性では会話の相手の多寡や有職かどうかで配偶者を挙げる率に若干の差が見られるが，女性はそうした要因にあまり影響を受けず，非常に高い割合で配偶者が挙げられている。これだけで結論が出せるわけではないが，回答時の想起による影響は簡単には想定できないようである。

12. 政治についての会話・会話についての政治

もちろん，以上のように議論したからといって，配偶者間におけるネットワーク認知の非対称性が文化的な「規範」や「欲求」と無縁であると言うのではない。

夜の酒場でネクタイをゆるめたサラリーマンが「だからオレ，言ってやったんだよ」などと愚痴っているのを聞けば，組織の中の上下関係がいかに会話を抑圧しているかが再確認される（「黙々と働く」という言葉自体，会話と抑圧が密接に関わっていることを表しているのかもしれ

ない）。また，アメリカでは「意見を持っている」ことや「意見を表明する」ことが価値であると言われるが，日本では必ずしもそうではなく，未だに「意見をする」という言葉がネガティブな含意を持っているケースが多いように思われる。このように，「政治についての会話」を考えることは，「会話についての政治」を考えることでもある。

そのような意味では，今回の調査の結果もそうした力関係と無縁ではありえない。配偶者間におけるネットワーク認知の非対称性も，家庭内のことを面接調査員という他者に語る際に，何らかの文化的な力が作用した結果であると考えてみることができる。年輩の男性のなかには男性が外で家庭内のことを語ることを良しとしない人も少なくないが，そうした一種の文化的な「規範」や「欲求」が調査員への回答を歪めることは十分にありうることである。

また，女性の回答者が女性の調査員に接したときには，「なんでも夫と話せる関係」が一種の社会的望ましさとして共有され，そうした方向に回答がゆがんでしまうと考えられなくもない。ここまでの議論で，配偶者間におけるネットワーク認知の非対称性を「現実に交わされた会話を認知しない傾向」として了解していた人も少なくないと思われるが，それが「現実には交わされなかった会話をあったと報告する傾向」である可能性も否定できないのである。①妻が女性調査員に「自分は政治の話をする」と回答するということ。②妻が女性調査員に「自分は夫と政治の話をする」と回答するということ。③夫が女性調査員に「自分は政治の話をする」と回答するということ。④夫が女性調査員に「自分は妻と政治の話をする」と回答するということ。これらそれぞれの場面でのジェンダー・バイアスについて想像してみる必要があるだろう。[14]

以上のように，「配偶者間におけるネットワーク認知の非対称性」は，それ自体として少なからぬ問題を提起している。と同時に，それはエゴセントリック・アプローチによるソーシャル・ネットワーク研究が抱える課題を照らし出してもいる。今回は，現象の報告と若干の考察に留まらざるを得ないが，今後は夫婦両者に（そして，回答者と会話の相手の

双方に）個別に面接するなどして，この点についてさらに研究すること
が必要だろう。

13. ソーシャル・ネットワーク研究の可能性

ソーシャル・ネットワーク研究は理論的体系化の途上にあり，多くの
課題を抱えている。しかし，それ故に，研究者たちの関心を集め，多く
の研究がなされてもいる。

本章の論考もそうした試みの一つであり，これまでの議論を通して，
いくつかの問題を提起することはできたのではないかと思う。

特に，「配偶者間におけるネットワーク認知の非対称性」は「配偶者」
以外の対人ネットワークにおいても非対称性が起きる可能性を示唆して
いる点で重要である。

また，そのような意味では，本章前半の集計結果も「ソーシャル・ネ
ットワークの実態」としてではなく，あくまで「ネットワーク認知の実
態」として解読しなければならないだろう。

ただし，こうした論点は，「自己報告によるソーシャル・ネットワー
ク研究の困難さ」を示すだけでなく，今後の研究の発展を予感させるも
のでもある。スノーボール・サンプリングによる調査は，こうした問題
の解明に大きな力を発揮するものと思われる。

日本と諸外国とでは政治制度や政治状況が異なっていることもあり，
海外での研究フレームの導入にあたっては慎重でなければならないが，
批判的検討のなかから新しいアプローチの可能性を探ることも必要であ
る。今後の研究成果に期待したい。

（1）　近年のアメリカでは社会資本に関する議論が盛んで，*Political Psy-
　　　chology* 誌（19巻3号・1998年）では「社会資本への心理学的接近」とい
　　　う特集も組まれている。パトナムの論文は，そうした議論でも頻繁に
　　　引用されており，この領域で重要な位置を占めている（論文の存在は池

田謙一先生にご教示いただいた）。

（2）　関係性の網の目をグラフ化したソシオグラムに情動や認知や行動の頻度を入れると，その複雑さ故に図示自体が相当に困難になる。また，自分にも言語化が困難な精神分析的「抑圧」や，なんとなく「虫が好かない」関係（ユングの言う「影」などを盛り込もうとすると，あまりに複雑すぎて，仮に図式化できたとしても，かえって理解不能に陥ってしまうはずである。それくらい，トータルな意味で「起こっていること」は複雑であり内容豊かであると言わざるを得ない。

（3）　政治に特化した質問が組み込まれているのは，本調査が政治的媒介研究として実施されたためである。

（4）　回答者が，近接居住が縁でできた友人を「隣人」ではなく「友人」として認識・回答することは十分に予想される。関係の契機を問わないことや単一選択という質問の形式が「地縁」の量を低く見せている可能性がある点には注意が必要である。

（5）　会話の具体的内容を特定するために利用できたのは政治に関する質問項目のみであった。

（6）　PCP 数と新聞やニュース番組への接触頻度の間に大きな関連は認められなかった。従って，補完仮説（＝対人コミュニケーション行動の多さをマスコミへの接触頻度が補う）も両極化仮説（＝対人コミュニケーション行動もマスコミへの接触頻度も多い者と，共に少ない者に分かれる）も棄却される。

（7）　こうした議論は，あくまで「PCP 数が測定方法の違いによって大きく変化しない」ことを仮定したものである。また，政治参加が望ましいことであるという前提で「会話の少なさ」を嘆くこともできるが，同時に，蔓延する政治的無関心を念頭に置きながら「PCP が 2 以上」という者が全体の 4 分の 1 もいる，と言うこともできる。こうした言説とデータとの関係には注意が必要である。

（8）　PCP 数を目的変数とした重回帰分析を実施した。サンプル数は1227。説明変数は選挙への関心，教育水準，世帯員数，生活階層意識の四つである（世帯年収は DK・NA が多く，また，年代は PCP 数と逆U 字型の関係があるので投入しなかった）。調整済みの決定係数は0.07。標準偏回帰係数は，選挙への関心が0.24，教育水準が0.14，世帯員数が－0.01，生活階層意識が－0.01であった。この結果は，個人の政治意識と教育水準が PCP 数と一定の関連を持つこと，および，ここに挙

げた要因では PCP 数の多寡を十分には説明できないことを意味している。

(9)　政治に詳しい人もいれば，無関心で全く知識のない人もいる。政治的洗練度とは，こうした人々の間に認められる「政治情報処理装置が洗練されている度合」であり，「政治的信念体系の規模や幅や拘束性の程度」（Luskin, R., 1987）と定義される。この概念の測定方法については諸説あり，一般的な政治的知識の多寡，政策の内容や候補者のイデオロギー的立場の理解など，いろいろな方法で研究が行われている。なお，全国調査において利用可能は項目は教育水準のみであった。

(10)　形式的な議論をすれば，会話の相手を5人までしか質問していないことも非対称性の原因となりうる。ただし，6人目，7人目と質問を増やすことで非対称性が起こらなくなるとは考えにくい。

(11)　既婚男性では，PCP 数1で配偶者を挙げた者が35%，2で64%，3で51%，4以上で60%。既婚女性では，PCP 数1で配偶者を挙げた者が88%，2で81%，3で88%，4以上では86%（サンプルが少なかったので，PCP 数4人以上を一括した）。

(12)　自営業（商工業・サービス業）の男性で配偶者を挙げた者は47%，勤め人の男性では50%，無職の男性では66%。一方，自営業の女性で配偶者を挙げた者は84%，事務・パートの女性では84%，専業主婦では88%（以上，既婚で PCP 数1以上の者が対象）。

(13)　面接調査員の性別も重要な要因である。なお，現在の日本では，調査会社が採用している面接調査員のほとんどが女性だと言われている。

(14)　今回は直接問題としなかったが，「男性は政治について話ができなければならない」といった抑圧や，女性が家庭の外で政治について話す際の抑圧など，政治についての会話をめぐるジェンダー・バイアスについては，考えなければならない問題が少なくない。

引用文献

Bott, E. 1955 Urban families: conjugal roles and social networks. *Human Relations,* **8**, 345-383.

Brouwer, M. 1967 Prolegomena to a theory of mass communication. in Thayer, L. (ed.), *Communication : Concepts and Perspectives,* Macmillan, 227-239.

Coleman, J., Katz, E. and Menzel, H. 1957 The diffusion of an innovation among physicians. *Sociometry,* **20**, 253-270.

Huckfeldt, R., Beck, P. A., and Dalton, D. J. 1993 Information, communication, and politics : The intermediation process in the 1992 presidential election. Paper presented at the 1993 Annual Meeting of the American Political Science Association, The Washington Hilton, September 2-5, 1993.

Katz, E. and Lazarsfeld, P. F. 1955 Personal Influence. The Free Press. 竹内郁郎（訳）1965『パーソナル・インフルエンス』培風館。

Lazarsfeld, P. F., Berelson, B. and Gaudet, H. 1944 *The People's Choice.* Columbia University Press. 有吉広介（監訳）1987『ピープルズ・チョイス』芦書房。

Luskin, R. 1987 Measureing political sophistication. *American Journal of Political Science,* **31**, 856-899.

門田充宏・橋本昌児・河野啓1993「非自民政権誕生の構造―'93年7月衆院選挙世論調査から―」『放送研究と調査』10月, 3-16.

岡田直之1988「現代社会のコミュニケーション構造」『佐藤智雄教授古希記念論文集現代社会とコミュニケーションの理論』勁草書房, 61-79.

Putnam, R. D. 1995 Bowling alone : America's declining social capital. *Journal of Democracy,* **6-1**, 65-78.

Tarde, G. 1901 L'Opinion et la Foule. 稲葉三千男（訳）1964『世論と群衆』未来社。

Wellman, B. and Wellman, B. 1992 Domestic affairs and network relations. *Journal of Social and Personal Relationship,* **9**, 385-409.

山田一成1995「情報環境と投票行動」日本選挙学会1995年度研究大会（分科会B・理論部会「選挙への社会心理学的アプローチ」）報告論文。

参考文献

藤崎宏子1981「仮説検証型実証研究の再検討―Bott 仮説の追試研究を事例として」『社会学論考』2号, 45-70.

児島和人1984「『パーソナル・インフルエンス』再考」水原泰介・辻村明（編）『コミュニケーションの社会心理学』東京大学出版会, 97-112.

Wellman, B. 1991 Structural analysis : from method and metaphor to theory and substance. In Wellman, B and Berkowitz, S. D. (eds.), *Social Structures : A Network Approach.* JAI PRESS LTD, 19-61.

安田雪1997『ネットワーク分析―何が行為を決定するか』新曜社。

3章　対人ネットワークの
　　　「副産物」としての政治

木村　純

1．遠い世界の政治，身近な日常の政治

　一般に政治というと，多くの人にとってはどこか遠い世界の話という
印象があるのではないだろうか。あるいは遠いとは言わないまでも，日
常の出来事とは異なる何か「特別な」分野の話だと思われるかもしれな
い。

　こういった印象には，政治というものに対するある種の距離感が表れ
ているものと思われる。それは，批判的な意識として結晶化し政治的な
不信感として激しく噴出することもあるが，多くの場合は政治に対する
疎遠感として消極的な形で分散してしまい，ひいては現在よく言われて
いるような政治的無関心という状態にまで行き着く。

　一方で政治というのは意外と身近なものであり，私たちの生活に深く
関わっているという考え方もある。よく考えると，日々の生活，自分や
家族，社会についてのあらゆる事柄や現象が実は政治につながっている
のが分かる。また，とりわけ政治というものが明確にしかも自分と強く
関連したものとして感じられるときがある。不景気などの経済問題，犯
罪などの社会問題，国の安全に関する問題など，何か大きな問題が起こ
っているとき，そしてそれが自分自身の生活に関わりをもち始めたとき

である。そのような時私たちは，このままの政治ではたして大丈夫だろうか，あるいは問題が一向に解決しないようにみえるのは政治が間違っているからではないか，などと考えるのである。

　もちろん，何年あるいは何カ月かの周期で行われる選挙も，政治というものを身近に感じることのできるイベントだろう。実際に選挙期間中には政治意識が高まるという報告もある。現在の日本の政治制度においては，私たちは代表者を自分の意志で選び政治の場に送り込むことができる。私たちは選挙の時には投票所に行き，自分の信念や価値観，夢や希望，そして支持や批判などを自分の一票に託して投票するのである。もちろん，ほとんど無意識かつ習慣的に，あるいは誰か他の人に言われるままに，考えもなく特定の候補者や政党に投票することもあるではないかという反論もあるだろう。だが，そのような場合ですら私たちは，少なくとも暗黙のうちには，そうするのがよいことなのだというある種の価値観に基づいて投票しているのである。

　先に述べた政治的無関心の中にさえ，積極的な無関心と言えるようなものがある。政治の中の出来事を自分とは無関係の舞台の上の一場面のように見立てて，それを傍観者的な立場からイベントとして，家族や友人たちと楽しんだりすることはよくあることである。そのような状況の中には遠い政治の世界と日常の世界との奇妙な融合さえ見受けられる。

　このように，政治に対するある種の距離感というものがある一方で，それがごく身近なものであるという考え方ももっともであるように思われる。政治と私たちの関わりというものを考えてみたときに，一体どちらが現実の姿に近いのだろうか。

2．対人ネットワークと政治

　それでは，この問題を対人ネットワークの観点から考えてみることにしよう。前章まででもたびたび述べている通り，私たちは他の人間から切り離され，孤絶して存在しているわけではない。人間関係の複雑な網

の目の中に，その成員の一人として埋め込まれており，当然のように考え方や行動も，たとえそれが意識にのぼることがないにしても，そのネットワークの文脈に影響され，また反対にネットワークに影響を与えている。

このことは政治の場合についても同様に言える。私たちの政治についての考え方や行動は周囲から切り離されたものではなく，周囲の文脈にいくらかは影響を受けた上で成り立っているのである。この考え方が政治的媒介（political intermediaries）についての研究として，政治学において一つの大きな系譜となっているのは前章まででみた通りである（先駆的な研究としては Berelson, B. R. Lazersfeld, P. F. and McPhee, W. N., 1954. など）。

では，こうした対人ネットワークは，前述の「政治との距離感」の問題と，どのようにつながってくるのだろうか。

まず，政治が日常とは異なる特別な分野のものであるという観点からみると，政治というものは日常私たちが過ごしている対人ネットワークの外部に異質なものとして存在するということになる。人々が日々いつも通りに語り，交流している生活の中には政治の姿はその片鱗さえも見ることができない。仮に政治が日常の対人ネットワークに関わってくる場合でも，それは外部から見慣れぬものとして私たちの前に出現するのである。なじみのない情報，聞き慣れない名前の政治団体からの手紙，見知らぬ人間の突然の来訪と接触の試み，政治についての特別なイベント。そういったものが政治の姿であるということになるだろう。

一方，政治が身近なものだという観点からいくとどうなるだろうか。政治は日常の対人ネットワークからあたかも水がにじみ出すかのように表面に現れ，そして私たちを包み込んでいく。家族や気の置けない友人，仲のよい仕事の同僚などのいつものよもやま話からふと政治のことにまで話が及ぶ。普段つき合いのある人から投票についての依頼を受ける。近所の人と誘い合っていつもの後援会の集会に参加する。対人ネットワークでのコミュニケーションの中で政治について知るようになり，

考えさせられ，そして行動に及ぶ。対人ネットワークの外部からやってくるのではなく，普段の対人ネットワークの中から立ち現れるてくるものが政治の姿であるということになる。

　以上のように，政治と対人ネットワークの関係については，二つのモデルがある。言い換えれば，ここにあるのは，政治的コミュニケーションのネットワークは，より一般的なソーシャル・ネットワークと分離可能なものなのかどうかという問いなのである。複雑に織りなされたネットワークという蜘蛛の巣があるとして，左右の手でそれをゆっくりと引き離すと，一方の手に一般的なソーシャル・ネットワーク，他方の手に特別な政治的ネットワーク，というふうに，きれいに二つに蜘蛛の巣を引き離すことができるのか。それともそれら二つは複雑に絡み合い，入れ子のように相手の中に入り込み合い，ある場合には同一のものとして融合しており，分離することは不可能で，無理に引き剥がすと蜘蛛の巣の形そのものが壊れてしまうようなものなのか。一体どちらのイメージがより現実の姿に近いのか，この問題を実際のネットワークのデータで検討してみることにしよう。

3.「異質なネットワーク仮説」対「副産物仮説」

　二つの考え方を本書で用いるデータに即してまとめると，次のような二つの仮説として対置されるだろう。
　〈仮説1〉
　日常的な対人ネットワークの成員，すなわち「一般的な話をする相手（GDP）」は政治のことをよく知らないし，関心もない。そのためある人が政治についての話をする場合は，「一般的な話をする相手（GDP）」とは別の人である場合が多い。また，もし積極的に政治に関わろうと思えば，日常的な対人ネットワークの外部からそういう人を別個に見つけてこなければならない。
　〈仮説2〉

ネットワークの中に「政治についての話をする相手（PDP）」がいるかどうか，あるいは政治について話をするかどうかはその人が属している対人ネットワークにおける機会の構造（opportunity structure）に左右され，ネットワークの規模，接触の頻度，本人の政治への傾向等が大きくなるほど，その結果として副産物的に生起する。

　これら二つの対立仮説がそれぞれ提示している異なった状況は，単に政治的な会話がどのような文脈でなされるかという事実を越えて，重要な意味を持つ。それは個人がどのような政治的な情報環境の下で決定し行動するのかということ，さらに，それがもたらす政治的な帰結ということまで射程に入ってくるからである。もちろん，それぞれ二つの仮説に提示されている世界像の意味するところは大きく異なっていることであろう。データをこれらの仮説に沿って読み解き，その妥当性を検証していく作業の意義はそこにある。

　それでは，これら二つの仮説によって提示されるネットワークとは，個人にとってどのような状況なのであろうか。それを，次にみていくことにする。

　まず前者の〈仮説1〉のことを分かりやすく「異質なネットワーク仮説」と呼んでおこう。政治とは日常生活の経験とは異質でしかも特別なものであり，そういうものとして，通常の対人ネットワークの外部に別個のネットワークとして存在し，それが個人に対して何らかの関わりをもってくる場合も外部から異質なものとして訪れる，ということである。[1]

　同様に，後者の〈仮説2〉を「副産物仮説（byproduct hypothesys）」と呼ぶことにしよう。この「副産物仮説」という呼称はパピ（F. U. Papi, 1991）が東西ドイツでの政治的ネットワーク研究について同様の分析を行った際に使用したもので，それに倣ったものである。すなわち，政治というものが何か特別なものであったり，外部から異質なものとしてもたらされるのではなく，日常のコミュニケーションの中か

ら，その副産物として生まれ出てくる，という考え方である。なお，ここで言う「機会の構造」とは，機会が生起する可能性を規定するネットワークの構造上の特性や性質のことである。政治的な他者の存在，あるいは政治についての会話といった，そのネットワークの成員にとっての政治的な事象は，この「機会の構造」によって規定されている「副産物」なのである。

　もちろん政治が何かの副産物であるという言い方はある種の誤解を生むかもしれない。たとえば，政治こそが生活の中心的な位置を占めているという人も当然いるだろう。しかし，実際問題として，多くの人々にとって，政治が直接生活の表面に出てくるのは限られた場面，限られた時間ではないだろうか。その場面，あるいは時間というものが生活全体の中でどのように位置づけられるのかを考えると，やはり副産物という言葉を使うのが適当であるように思われる。それゆえ，先の「異質なネットワーク仮説」の対立仮説としてあげられるのは，政治と日常のネットワークが完全に一致している「等価なネットワーク仮説」ではなくて，あくまで日常が主で政治は従であるという意味で「副産物仮説」であると言えるのである。なお，副産物であるということは，それが重要でないとか，二次的なものあるいは取るに足らない残余物であるということを必ずしも意味しない。むしろ，日々の生活から生まれてくるものであるがゆえに，人々の生活に直接根ざした意識や行動であり，それだからこそ社会的に重要なものたりうるし，大きな影響力を持ったものであるとも考えられる。

　さて，仮説を設定し，問題の焦点が明らかになったところで，以下の節でどのような観点からデータを分析していくかを述べよう。データの分析に際して注目していく点は大きく分けて二つある。一つは先にもあげた「機会の構造」についての検討，もう一つはネットワークを構成する成員の属性についての検討である。

　まず，「機会の構造」についての検討であるが，具体的には，政治についての会話が当該のネットワークの中でどの程度の確率で生起するの

か，あるいはネットワークの大きさという構造それ自体が政治の会話の生起をどのように規定しているかといった問題設定となる。たとえば，本書で扱っているデータにおいて，「政治についての話をする相手(PDP)」として挙げられている人間は，政治的にみて何らかの意味を持った人間として挙げられている訳であるが，これが通常のネットワークの中でどのように位置づけられうるかということである。つまり，個人が所属しているネットワークそれ自体が持つ構造からPDPの存在可能性を検討していくのである。ここでは，まず「一般的な話をする相手(GDP)」の一連のリストとは別に，回答者は政治的コミュニケーションの相手(「政治についての話をする相手(PDP)」)を挙げることができるかということが問題となり，次にそのPDPの存在を規定している日常のネットワークの要因を検討していくことになる。「機会の構造」の問題は，PDPの存在可能性だけでなく，日常のネットワーク内での営みについてのものもある。政治の会話がどのような形でどれくらいの頻度で生起するかという点である。

もう一つの検討課題としてネットワークの成員の属性がある。ここで属性としてあげているのは，接触の頻度，政治についての会話の頻度，政治的知識，意見の食い違いの程度，といったものである。「政治についての話をする相手(PDP)」が，これらの属性に関して，通常のネットワークの成員とどの程度異質な存在であるのか，あるいは異質な存在ではないのか。ここで扱っているデータにおいては，もし回答者がPDPを挙げることができるとすれば，それは他の一般的な日常のコミュニケーションの相手と重要な点で相違しているのかどうか，という問題となる。このような視点からネットワーク内における「一般的な話をする相手(GDP)」と「政治についての話をする相手(PDP)」の属性を比較し，それらが異質であれば〈仮説1〉の「異質なネットワーク仮説」を支持しているものとし，それらが類似していれば〈仮説2〉の「副産物仮説」を支持するものと考えるのである。

では，以上の点について，それぞれの仮説の妥当性を，以下の節で順

次検討していくことにしよう。

4．対人ネットワークの大きさと政治

　ある個人が属しているネットワークの大きさはそれぞれ異なっている。大きなネットワークに属している人もいるし，小さなネットワークに属している人もいる。このようなネットワークの大きさの違いによって，個人の経験，特にここでのテーマである政治についての経験はどのように異なっているのだろうか。

　調査において，それぞれの回答者は「過去六カ月間をふりかえって，あなたにとって重要な問題について話した人を教えていただきたいのですが，どなたか思い浮かべることができますか？」と尋ねられる。これを4人まで答えてもらうわけであるが，もちろん4人全部挙げる必要はなく，3人でも2人でも1人でも，また誰も挙げなくてもよい。ここで回答者が挙げた人が「一般的な話をする相手（GDP）」となり，その数がその人の対人ネットワークの大きさと定義されることになる。[2]

　さて，質問の次の段階で，回答者には，先の「一般的な話をする相手（GDP）」とは別個に，政治の話をする人がいれば名前を挙げてもらっている。これが「政治についての話をする相手（PDP）」であり，この人は回答者の対人ネットワークの中での政治コミュニケーションにおいて何らかの意味を持った存在であるとみなされる。[3]

　図3-1が対人ネットワークの大きさと，「政治について話をする相手（GDP）」の有無の関係をグラフ化したものである。これを見ると，「一般的な話をする相手（GDP）」を挙げる数が2人，3人と多くなっていくほど，つまりその人の対人ネットワークが大きくなればなるほど，「政治についての話をする相手（PDP）」を挙げる割合も高くなっている。これは，政治について話す人がその人の対人ネットワークの中に存在するかしないかということが，対人ネットワークのもたらす接触可能性の構造（chance structure）に依存していることを示唆する結果であ

3章 対人ネットワークの「副産物」としての政治　　　81

図3−1　対人ネットワークの大きさと「政治について話をする相手 (PDP)」の有無

全国調査

$\chi^2 (3) = 31.21$ P<.01

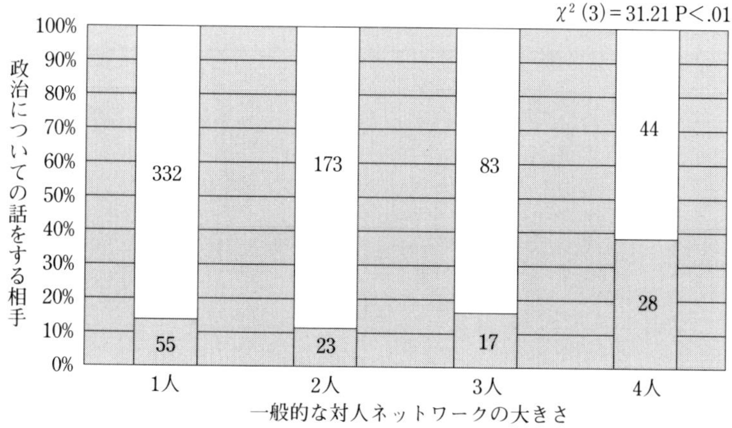

政治についての話をする相手（縦軸・y軸ラベル）

一般的な対人ネットワークの大きさ（x軸ラベル）

	1人	2人	3人	4人
上段	332	173	83	44
下段	55	23	17	28

徳島調査

$\chi^2 (3) = 69.87$ P<.01

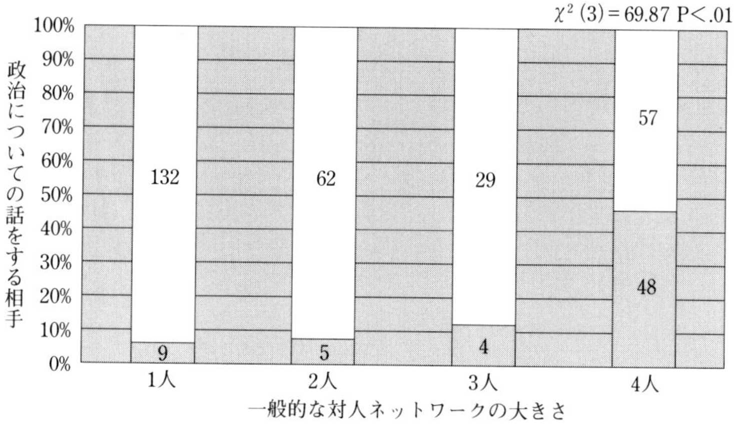

政治についての話をする相手（縦軸・y軸ラベル）

一般的な対人ネットワークの大きさ（x軸ラベル）

	1人	2人	3人	4人
上段	132	62	29	57
下段	9	5	4	48

る。すなわちネットワークが大きくなり，人と接触する可能性が高くなるほど，その中に政治についての話をする人が含まれている可能性が高くなり，それだけ政治についての情報も流れこみやすくなるということである。これは〈仮説2〉の「副産物仮説」を支持する結果であるとい

82

千葉調査

$\chi^2(3) = 75.61 \ P < .01$

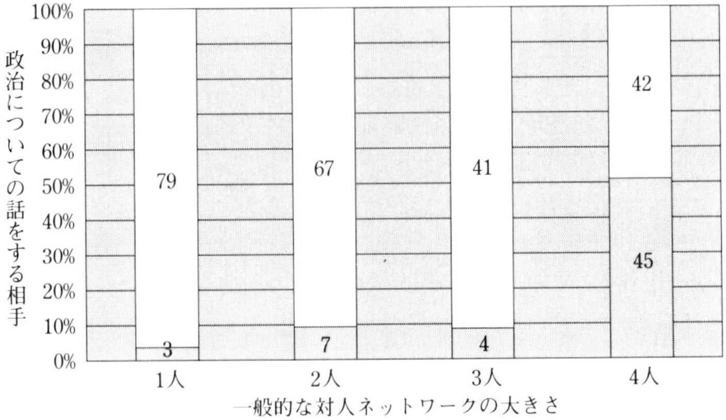

政治についての話をする相手

一般的な対人ネットワークの大きさ

アメリカ調査

$\chi^2(3) = 39.51 \ P < .01$

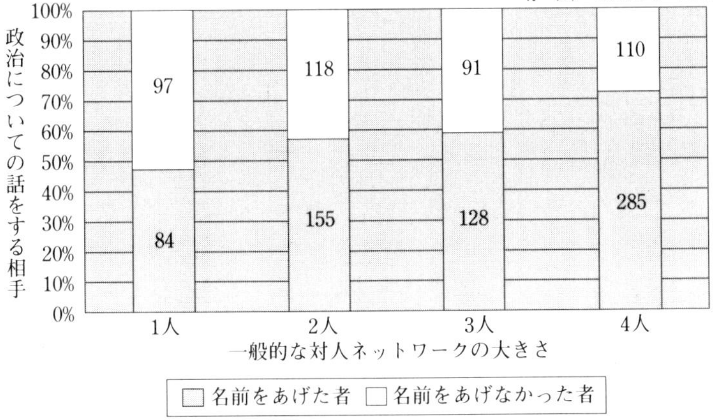

政治についての話をする相手

一般的な対人ネットワークの大きさ

□ 名前をあげた者　□ 名前をあげなかった者

える。

　なお、この傾向はアメリカ調査においてもはっきりと見出される。「副産物仮説」はアメリカの対人ネットワークにおいても支持されているのである。ただし、注目すべき違いもみられる。アメリカではそもそ

も「政治についての話をする相手（PDP）」を挙げる割合が日本に比べて非常に高いということである。これはそれぞれの言語による質問文のニュアンスの差を考慮してもなお大きな違いであるといえる。アメリカ社会では，政治というものについての個人の関わり，あるいは外部からの接触などが，非常に明確で活発であるということであろうか。

5.「接触の頻度」と「政治についての会話の頻度」

　さて，それでは「政治についての話をする相手（PDP）」は，一般的な対人ネットワークの成員と比べて何か重要な点で異なった性質を備えているのか，それとも特に変わった点はないのだろうか。「政治についての話をする相手（PDP）」が一般的な対人ネットワークの成員と比べて際立って異質であれば，一般的な対人ネットワークとは異なる別個の政治的なネットワークが存在する可能性が高くなる。これに対して，なんら相違がなければ，「政治についての話をする相手（PDP）」といえども，一般的な対人ネットワークの成員と同質で，それに準じ，あるいはそれに属するものということになる。この場合は一般的なネットワークと政治的ネットワークが別個のものでなく，ほとんど分かちがたく融合していると考えるのが妥当ということになるだろう。あるいは，融合しているというより，一般的なネットワークが場合によっては政治的な意味を持つこともあるというような形であるかもしれない。

　ここでは対人ネットワーク内の成員との「接触の頻度」と「政治についての会話の頻度」について，「一般的な話をする相手（GDP）」と，「政治についての話をする相手（PDP）」とがどのように異なっているかを検討していくことにする。

　まず，「接触の頻度」についてみていく（表3-1の（　）内実数部分参照）。回答者には対人ネットワークのそれぞれの成員について「平均して，その方とどのくらいの頻度で会ったり電話で話したりしますか」と尋ねている。結果をみると1番目に名前を挙げた人，すなわち対人ネ

ットワークの中心的な人ほど接触の頻度が高く，2番目，3番目，4番目というふうに対人ネットワークの周辺的な人になるほど，相対的に接触の頻度は低下していく。「政治についての話をする相手（PDP)」との接触のパターンは，おおむね中心的な人よりもむしろ，3番目，4番目の周辺的な人に類似しており，相対的に接触の頻度は低くなっている。この結果は「政治についての話をする相手（PDP)」が中心的であ

表3－1　接触の頻度と政治についての会話の頻度

全国調査

接触の頻度	1人目	2人目	3人目	4人目	PDP
毎日，ほとんど毎日	56%(439)	44(132)	47(51)	62(21)	51(99)
少なくとも1週間に1回	50 (174)	53(139)	50(60)	48(23)	49(70)
少なくとも1月に1回	39 (96)	34(70)	21(43)	19(16)	43(47)
それよりもっと少ない	16 (31)	14(21)	27(11)	50(2)	30(23)

徳島調査

接触の頻度	1人目	2人目	3人目	4人目	PDP
毎日，ほとんど毎日	27%(238)	23(71)	29(41)	30(27)	19(16)
少なくとも1週間に1回	39 (51)	29(72)	21(43)	23(30)	45(20)
少なくとも1月に1回	26 (27)	13(32)	20(30)	14(28)	37(19)
それよりもっと少ない	10 (10)	27(15)	6(17)	25(16)	40(10)

千葉調査

接触の頻度	1人目	2人目	3人目	4人目	PDP
毎日，ほとんど毎日	30%(181)	17(70)	18(34)	6(16)	55(20)
少なくとも1週間に1回	28 (57)	21(68)	16(32)	15(27)	8(12)
少なくとも1月に1回	35 (26)	29(35)	16(43)	13(24)	0(17)
それよりもっと少ない	40 (10)	9(22)	6(18)	6(17)	12(17)

注：数値は「その人と会うときはいつでも話す」＋「ときどき話す」の回答を合計
　　したものの母数に対する％，（　）内は母数の実数。例：全国調査の一人目で
　　その人と「毎日，ほとんど毎日会う」と答えた者は439名。この439名の中で，
　　政治の話を「その人と会うときはいつでも話す」と答えた者，および「ときど
　　き話す」と答えた者の合計が56％。

るよりはむしろ周辺的であることを示しており，そのような意味ではどちらかといえば「異質なネットワーク仮説」を支持しているようにみえる。ただし，もともと「政治についての話をする相手（PDP）」は一般的な対人ネットワークの成員とは別個に名前を挙げさせたものであるし，一般的な成員と比較して，接触の頻度に関して，それほど顕著な違いがみられるというわけではないので，「異質なネットワーク仮説」を積極的に支持する根拠とまではいえないだろう。

　次に「政治についての会話の頻度」はどうだろうか。政治についての会話の頻度は対人ネットワークのいずれの成員についても「たまに話す」および「ほとんど話さない」が最も多く，概して低い。この事実はもともと政治的なものが日常生活にしめる部分がそれほど多くないということを表しているといえよう（表2-2参照）。一般的な対人ネットワークにおいては，1番目，2番目などの中心的な人ほど政治についての会話をする割合が高く，3番目，4番目と周辺的になるにつれて，その頻度は減少していく傾向がある。ただし，「政治についての話をする相手（PDP）」との政治についての会話の頻度は当然ながら高くなっている。

　この結果から読みとれる点は二つある。一つは，対人ネットワークの中心的な人ほど政治についての会話の頻度が高いということである。これは，より身近で親しいコミュニケーションから同時に政治的なコミュニケーションが生まれているということなので，「副産物仮説」を支持する結果であるといえる。一方，一般的な対人ネットワークとは別個に選択させた「政治についての話をする相手（PDP）」との政治コミュニケーションも高くなっているので，これは「異質なネットワーク仮説」に近い結果でもある。ただし，「政治についての話をする相手（PDP）」と政治の会話をするのは当然といえばそうであるし，また「政治についての話をする相手（PDP）」の内実をよく分析すると，対人ネットワークにおいて中心的な人に比較して，政治的な会話の頻度がとりわけ高いというわけでもない。つまり，一般的な対人ネットワーク

の成員と明白に異質な人間であると積極的に主張する根拠もないのである。

6. 接触の頻度と政治についての会話の関係

一般的に，話をする相手との接触が少ないほど，政治についての話をする頻度が低くなると推定される。これは，接触の頻度が低い場合は最も関心が高い用件に話題が集中するためである。もちろん，最も関心が高い用件が政治のことである場合もあるだろうが，多くの人はそれ以外の，たとえば仕事や家庭や自分の近況，あるいは娯楽についての話題であると思われ，政治が話題にのぼることは一般的な話題の優先順位からいってあまりないだろう。

逆に，接触の頻度が高いほど，政治についての会話がなされる可能性が高くなると推定される。頻繁に接触する人とは当然より長い時間にわたって会話がなされるだろうが，そうなると，政治についてもその中で話題にのぼる可能性が増加するためである。もちろん，ここでいう可能性というのは，純粋に確率的な問題である。ただし，それが何らかの政治的意思を醸成したり，行動を発生させる場合もありうる。⁽⁵⁾

もし結果が以上の予想の通りであれば，このような状況は普段のコミュニケーションの中に政治的な意思を喚起する要素があるという意味で「副産物仮説」に沿っているといえるだろう。

これを検討するために，接触の頻度と政治についての会話の頻度の関連を調べた。結果は表3-1である。政治についての会話のうち，「その人と会うときはいつでも話す」および「ときどき話す」と答えたものを合計し，その割合を接触の頻度ごとにみた。

結果には予想通り「副産物仮説」に沿った傾向がみられる。すなわち，接触の頻度の高い相手と，より政治についての会話をする傾向がみられる。徳島データ，千葉データは，サンプル数が少ないこともあり，明瞭でない部分もあるが，サンプル数の多い全国データではこの傾向が

はっきりとみられる。

7.「政治的知識」と政治コミュニケーション

　一般的な対人ネットワークの成員と「政治についての話をする相手 (PDP)」のそれぞれについて，回答者に「その人は政治に詳しいですか」と政治についての知識を評価してもらっている。(6) 結果は表3-2の通りである。(7)

　「政治についての話をする相手 (PDP)」の政治的知識が他の一般的な対人ネットワークの成員に比較して高く評価されている。若干サンプル数が小さいという問題があるが，「政治についての話をする相手 (PDP)」が一般的なネットワークの成員とはわずかばかり異質な人間であることを示しているようである。これは「異質なネットワーク仮説」を支持する結果ともいえるだろう。ただし，対象が「政治についての話をする相手 (PDP)」なので，ある程度の政治的知識があるとみなされているのは当然といえるし，相違があるにしても一般的なネットワークの成員と比べて非常に大きく異なっているというほどではないことには注意すべきである。

　ただし，一般的な対人ネットワークの成員の間では政治的知識の差は特にみられない。ネットワークの中心的な人物か周辺的な人物かは，政治的知識の高低に関係していない。

　なお，日本でみられたものと全く同じ傾向がアメリカでもみられる。すなわち，「政治についての話をする相手 (PDP)」が，一般的な対人ネットワークの成員よりやや異質な人間であると思われるものの，それほど大きな違いはないこと，一般的な対人ネットワークの中で中心的か周辺的かは，政治の知識に関係ないこと，などである。ただし，政治に詳しいと評価される人の割合は一貫してアメリカの方が多い。この違いは質問文や文化差によって説明できる部分もあるだろうが，一般社会に共有されている政治についての知識の量，すなわち政治についての情報

表3－2　政治的知識についての評価

徳島調査

政治知識	1人目	2人目	3人目	4人目	PDP
非常に詳しい	16%	10	12	13	27
普通だ	58	55	61	50	45
詳しくない	17	22	14	17	16
DK，NA	9	13	13	20	13
n	346	205	138	105	71

千葉調査

政治知識	1人目	2人目	3人目	4人目	PDP
非常に詳しい	12%	11	5	12	27
普通だ	57	51	55	48	50
詳しくない	20	19	18	16	12
DK，NA	11	20	22	24	12
n	288	206	132	87	68

アメリカ調査

政治知識	1人目	2人目	3人目	4人目	PDP
非常に詳しい	24%	27	29	26	33
普通だ	51	65	60	63	59
詳しくない	5	7	10	10	7
DK，NA	0	1	1	1	0
n	1068	887	614	395	788

資源の量が日本とアメリカとで根本的に異なっているとも考えられる。

　さて，一般社会に共有されている政治的知識の量というのは，常に均一に，どこにでも存在しているものというわけではないだろう。それらは，ある集団や個人の間には比較的に濃密に存在しているし，別の集団や個人の間にはごく薄くしか存在していない。つまり「むら」があるのである。これを対人ネットワークの文脈で考えれば，ある人が属してい

3章　対人ネットワークの「副産物」としての政治　　　89

る対人ネットワークが比較的政治的知識を多く保有しているネットワークである場合もあろうし，そうでない場合もあるということである。この政治的知識の量はそのネットワークが政治的に活性度が高いかどうかの指標であるともいえる。活性度が高いネットワークは，政治的な意志，政治的な行動，そして政治的な変革といったものの基盤となる可能性がある。

　この点をふまえた上で，今度はそのような対人ネットワークの性質自体と政治的知識の関わりについてみていこう。

　表3-3は一般的な対人ネットワークの成員の政治的知識の程度と「政治についての話をする相手（PDP）」が存在する割合をクロス表にしたものである。

　これをみると，一般的な対人ネットワークの成員すなわち「一般的な話をする相手（GDP）」の政治的知識が高いと認知されるほど，「政治についての話をする相手（PDP）」をあげる割合が高くなり，逆に対人ネットワークの成員の政治的知識が低いと認知される場合は「政治についての話をする相手（PDP）」を挙げる割合が低くなっている。これは，「政治についての話をする相手（PDP）」が存在するかしないか，ということが一般的な対人ネットワークの性質に依存しているということになる。すなわち，その成員の政治についての知識が高い一般的な対人ネットワークはもともと政治的な活性度の高いネットワークであるといえるが，そのようなネットワークに属している人は「政治についての話をする相手（PDP）」といった政治に関して何らかの意味を持った存在とも接触する確率が高いということである。これは「政治についての話をする相手（PDP）」の存在可能性が一般的な対人ネットワークの性質自体に組み込まれているということであるが，そのような意味で，これは「副産物仮説」を支持する結果といえるだろう。[8]

　では，この点はアメリカのデータにおいてはどうなっているのだろうか。結果をみると，若干その傾向がみられるものの，日本ほど明瞭な結果は得られていない。この点については議論があるだろうが，アメリカ

表 3 − 3 政治的知識と「政治についての話をする相手 (PDP)」
をあげられる割合（％）

徳島調査

政治的知識	1 人目	2 人目	3 人目	4 人目
	政治についての話をする相手がいる割合			
非常に詳しい	36%	38	53	43
普通だ	18	29	39	50
詳しくない	9	25	21	44

千葉調査

政治的知識	1 人目	2 人目	3 人目	4 人目
	政治についての話をする相手がいる割合			
非常に詳しい	37%	36	50	50
普通だ	20	30	43	57
詳しくない	16	26	33	57

アメリカ調査

政治的知識	1 人目	2 人目	3 人目	4 人目
	政治についての話をする相手がいる割合			
非常に詳しい	62%	67	71	74
普通だ	60	64	66	66
詳しくない	67	56	67	67

注：数値はセルの母数に対して「政治について話をする人 (PDP)」を
挙げた者の割合。例：徳島調査では，一人目に挙げた人物を政治に
ついて「非常に詳しい」と評価している者のうち，「政治について
話をする人 (PDP)」を挙げている者が36％。

ではもともと「政治についての話をする相手 (PDP)」を挙げる割合が
多かったことを考えると，対人ネットワークがどのような性質を持って
いるのかという以前に，総じて政治的な情報の流れや政治的エイジェン
トからの接触が活発な文化であることが原因ではないかと考えられる。

そのために，かえって一般的ネットワークの性質による差がみえにくくなっているのではないだろうか。

8．政治についての意見が食い違う程度

　今までは，政治についての会話や知識の量などといったものを考えてきたが，そこには支持や批判といった政治意識における様々な方向性が含まれているはずである。本書で取り上げている調査データにおいては，ネットワークのそれぞれの成員と政治についてどの程度意見が食い違うことがあるかを尋ねている。成員と意見が同じであるネットワークに属していれば，政治的に等質なネットワークに属していることになるし，同じ人もいれば違う人もいるというようであれば，政治的に多様なネットワークに属していることになる。そして，成員のほとんどといつも意見が食い違うようであれば，その人は少なくとも政治的にはネットワークの中でユニークな存在となっているということになる。[9]

　このように，政治についての意見の食い違いの程度というのは様々な問題を含んでいるのだが，ここでは「異質なネットワーク仮説」と「副産物仮説」のどちらが支持されるのか，という点からみていこう。この意見の食い違いという点に関して，「政治についての話をする相手（PDP）」の性質に，一般的な対人ネットワークの成員の性質とは何か異なった特徴がみられるだろうか。もし異なっていれば，それらは互いに異質なものであるということで「異質なネットワーク仮説」を支持していると考えられるし，変わった点が特にみられないのであれば「副産物仮説」を支持しているといえる。表3‒4は対人ネットワークのそれぞれの成員について，政治についての意見の食い違いの程度をみたものである。[10]結果は日本においてもアメリカにおいても，一般的な対人ネットワークの成員と「政治についての話をする相手（PDP）」との間で差はみられなかった。すなわち「副産物仮説」を支持している結果とみなされる。

表 3 － 4　政治についての意見が食い違う程度

徳島調査

政治についての意見	1 人目	2 人目	3 人目	4 人目	PDP
しばしば食い違う	5%	5	4	5	10
ときどき食い違う	22	22	26	20	18
めったに食い違わない	44	36	30	35	34
まったく食い違わない	11	9	7	8	7
DK，NA	18	27	33	32	31
n	346	205	138	105	71

千葉調査

政治についての意見	1 人目	2 人目	3 人目	4 人目	PDP
しばしば食い違う	4%	5	4	2	6
ときどき食い違う	26	20	21	14	25
めったに食い違わない	36	27	27	32	40
まったく食い違わない	6	6	5	7	12
DK，NA	29	42	45	45	18
n	288	206	132	87	68

アメリカ調査

政治についての意見	1 人目	2 人目	3 人目	4 人目	PDP
しばしば食い違う	10%	10	12	11	13
ときどき食い違う	48	43	43	46	44
めったに食い違わない	34	38	36	35	34
まったく食い違わない	8	9	9	9	9
DK，NA	0	0	0	0	0
n	1030	846	580	372	775

　アメリカと日本とで異なっているのは，アメリカの方が政治についての意見でネットワークの成員と食い違う程度が大きいということである。政治についての意見に関して，日本人は比較的等質な環境の中で生きているが，アメリカ人は通常の対人ネットワークの中にも多様な意見

を抱えているようである。そのような意味で，アメリカ人は異質なネットワークの中に恒常的に晒されているといえようか。

なお，一般的な対人ネットワークの間での政治についての意見の食い違いの程度と「政治についての話をする相手（PDP）」の存在の有無については，日本においてもアメリカにおいても，関連がみられなかった。通常の対人ネットワークの中の成員と意見が食い違うから，外部で別個に意見が同じ相手をみつけてくる，などということはないようである。

さて，意見の食い違いという点については簡単に見過ごすことのできない問題がある。たとえば，意見の食い違いというものはともすると否定的に見られがちであるが，これに積極的な意義を認めることもできるだろう。すなわち，ネットワーク内に異質な意見が存在しているということは，それだけ情報量が大きくなり，様々な意見に触れ，考えを深める機会にもなりうるということである。意見の食い違いが存在しているということと，それがネットワークについてどういう意味を持つかは別の問題である。この点は十分に押さえておく必要があるだろう。

また，今回の分析では，ネットワーク内では意見が等質であり，ネットワーク外では意見が異なるという形を操作的に前提としたが，実際にはそれほど簡単な問題ではないだろう。異質な意見を共存させながらなおかつ統合を保っているネットワークというのもありうる。更に自分と同じ意見をさらに補強するために，自分が属しているネットワーク以外の外部の異質なネットワークと関わりを持っていく，という方向もあり得る。このように，「副産物仮説」と「異質なネットワーク仮説」のそれぞれについて，意見の食い違いという事態がどのように関わっているかという点には様々な側面からの分析が必要とされるだろうが，ここでは問題を指摘するにとどめておく。

9. 「副産物仮説」の提示する世界像

　以上でいくつかの結果をみてきたが，これらを通して結局「副産物仮説」と「異質なネットワーク仮説」のどちらに軍配を上げることができるだろうか。

　「副産物仮説」を支持する結果と「異質なネットワーク仮説」を支持する結果は錯綜しているようにみえるので，どちらかが決定的に正しいとすることはできないようにも思われる。しかし，全般的な結果はおおむね「副産物仮説」が仮定する状況と整合性が高いと考えていいのではないだろうか。政治的な情報の入手がそのネットワークの「機会の構造」に依存するという結果がほぼ一貫して明瞭に見出されているからである。つまり，一般的なネットワークの構造そのものが，政治についての情報のあり方も規定しているということである。これはパピの旧東西ドイツでの政治的ネットワーク研究の結果ともおよそ合致している。

　「異質なネットワーク仮説」を支持しているようにみえる結果は特に属性の分析において散見されるが，多くは設問の形式によって導き出されているとも考えられる。すなわち，もともと「政治についての話をする相手（PDP）」を尋ねることによって，ネットワークにおける異質な要素をつとめて抜き出してきた結果であるともいえるからである。そのようなわけで，「副産物仮説」が支持されていると主張してよいだろう。

　それでは「副産物仮説」が成立することの政治的な意味はなんだろうか。政治的なコミュニケーションにおいて根強く存在する一つの観点は，一般大衆は政治的に無知で孤立しており，容易にコントロールが可能であるというものである。それは，政治エリートなどによる支配や制御という大衆政治社会の観点であった。それに比べて，「副産物仮説」が成立しているような状況においては，支配や制御ということよりも，むしろネットワークの成員間の相互作用的な観点が強調されることになる。むろんその中には，ネットワークの成員として，政治エリートも含

まれているかもしれない。だが，その政治エリートをも含んだ，一般の人々の相互間の日常的なコミュニケーションによって政治的な価値観が形成され維持される。そして，それに基づいて，決定や行動が行われるというものである。政治的な情報はそのようにして，日常の相互作用とともに流れ創造され共有され，そして変化していくのである。

ただし，政治的な情報の流れと一般的な情報の流れとの間には，少なくとも若干の分離を示す証拠があるようにもみえる。「副産物仮説」の観点を極端にまで突き詰めていくと，政治的な情報が単なる日常生活の残滓に過ぎないということになるが，そのような見方は必ずしも適切ではないように思われる。政治的な情報は，日常生活とは異質なものとして積極的にある経路から日常のネットワークに入ってくるという側面は確実にあるだろう。ここで見出された，いくつかの「異質なネットワーク仮説」を支持するようにみえる結果，具体的には通常とは別個の政治的ネットワークの存在を思わせる「政治についての話をする相手（PDP）」の役割は，政治的情報を広めるのに重要な役割を演じている可能性がある。ここで思い出されるのがグラノヴェッター（Granovetter, M. (1973)）の「弱い紐帯（weak ties)」の理論である。これはネットワークを構成している成員をつなぐ紐帯の機能がその強弱によって異なっているという説で，たとえば，情報の収集などに役立つのは，家族とか親友などのような親密で絆が強い関係にある相手ではなく，むしろ，あまり親密ではないネットワークの周辺的な位置にいる絆の弱い人物であるという，一見すると逆説のようにもみえる仮説である。この観点から考えると，「政治についての話をする相手（PDP）」はちょうどその「弱い紐帯」の相手にあたるような，情報という点からみればむしろ重要な役割を担っている存在なのかもしれない。

ともすると，「副産物仮説」と「異質なネットワーク仮説」はお互いに相容れないものとしてみられがちだが，あるいはこの考え方自体を見直す必要があるかもしれない。すなわち，それぞれが現実の異なった側面を表しているということである。政治的な情報は，日常の情報とは別

96

個の特異なものとして，外部から，しかも一般のネットワークの成員と
は異質な人間からもたらされる。しかし，それはあくまで一般的なネッ
トワークの構造に規定され，その中で咀嚼され，一般的なネットワーク
内でのコミュニケーションを通じて流れ，そしてその成員に共有され，
ある場合には変質していくというふうに。

　今後の研究においてはどのような情報が，ネットワークの中をどのよ
うに流れ，それがどういった形をとって現れるのかということを，より
具体的に様々な場面において考察するといった作業を緻密に積み重ねて
いくことが必要だろう。[11]

（1）「異質なネットワーク仮説」は，自己の属しているネットワークに，
　　それと異なる政治的ネットワークが交錯しているという意味で，コミュ
　　ニケーション・ネットワークの多元論（Riesman, D., 1961）が提示する
　　世界像と重なり合う部分がある，とみることもできるだろう。ただし，
　　特定の人物が政治に関して重要な影響を及ぼしている状況ということで
　　あれば，むしろ政治的な支配のエイジェントと位置づけることも可能で
　　あり，権力エリート論（Mills, C. W., 1956）にも近づく。なお，ここで
　　扱っているデータに基づくネットワークは実際に存在するネットワーク
　　の網の目というよりもむしろ，操作的な「自己を中心とした人間関係の
　　認知的な広がり」であることに注意。
（2）　もちろん，この定義には問題がないわけではない。たとえば，そこ
　　では多様性や開放性などネットワークの質が考慮されていない。
（3）　この質問文は，必ずしも「コミュニケーションの二段階の流れ仮
　　説」（Katz, E & P. F. Lazarsfeld, 1955）等におけるオピニオン・リー
　　ダーのような存在を取り出すためのものとは位置づけられていない。コ
　　ミュニケーション研究においては大きく分けて，外部（通常，政治エリ
　　ート）からの情報の注入と制御といった「効果」を中心に検討する観点
　　と，成員内部での情報の流れやその共有，創造といった「相互作用」を
　　中心に検討する観点あるが，「政治についての話をする相手（PDP）」
　　がそのどちらの観点に関わるのかをアプリオリに措定してはいないので
　　ある。もちろん，そのPDPが，ある回答者個人にとっての政治的な分
　　野でのオピニオン・リーダー的な存在である可能性を排除しない。

（4） 通常のネットワーク分析における中心性（centrality）とは，当該のネットワークにおいてノードがどのような位置にいるかということであり，他のノードとの紐帯の数，距離，媒介性などを基準に測定される。しかし，本稿でいう中心性とは，回答者個人から見ての中心性ということであり，回答者に近いものほど中心的，回答者から疎遠であるほど周縁的（peripheral）ということになる。よって，その中心性も客観的なものではなく，回答者から見ての認知であり，主観的なものである。

（5） 政治についての話をする相手の存在，政治的な会話の有無などの測定は，研究デザイン的にはむしろ，個人の置かれた情報環境の状況がどのようであるかに関するものであるという点には注意すべきである。そのようにして測定された情報環境と，個人の意思決定や行動との間に因果関係を推測することは，ある種の飛躍であるとの批判も出てこよう。ただしベレルソンの交差圧力（cross pressure）の研究など，情報環境を態度や行動の決定因とする知見は理論的根拠と有効性を持っており，このような因果関係を仮定することは意義があろう。

（6） 政治的知識の測定は通常，政治に関係する分野の知識の量・正確さといったものを尋ねるなどして，当該の対象者から直接行うものであるが，ここでは回答者による認知を指標に用いていることに注意。

（7） 全国調査においては，ネットワークの成員の政治的知識を尋ねる項目が存在しない。

（8） ネットワークの成員の政治的知識は回答者の認知によるものなので，回答者の性質や期待が投影されている可能性も完全には否定できない。厳密には，回答者本人とネットワークの成員のそれぞれについて，政治的知識に関する客観的な測定を行うべきであろう。

（9） ネットワークの多様性は，構成員の年齢，性別，職業，人種などといった属性，あるいは政党支持やイデオロギー，態度といった心理的傾向がどの程度多様であるかによって測定される。これらが比較的均一であれば同質的なネットワーク，多様であれば多様なネットワークということになる。ここでは，政治についての意見が食い違う程度ということで，政治的な傾向の同質性－多様性を測定していることになる。なお，ネットワークの多様性については，そこに所属する成員の心理的な不安定，非決定，不参加など否定的側面を強調する立場（ベレルソンの交差圧力の概念などにはその傾向がみられる）と，心理的な活性化，人的資

源および情報の流入・交流・創造・統合など，肯定的側面を強調する立場がある。

(10) 全国調査においては，ネットワークの成員との政治的な意見の食い違いの程度を尋ねる項目が存在しない。

(11) ここで扱っているデータは全国や地方の選挙時におけるものであり，そのような状況下では通常より多量の政治情報が流れ，政治的関心も高まるという意味で，ある種の状況特殊性を指摘することもできる。そういった側面を考慮した上で，普段の生活意識から浮かび上がってくる政治とはいかなるものかということを見極めていく作業も必要であろう。

引用文献

Berelson, B. R. Lazersfeld, P. F. and McPhee, W. N. 1954 *Voting.* The University of Chicago Press.

Granovetter, M. 1973 "The strength of weak ties." *American Journal of Sociology,* **81**, 1287-1303.

Katz, E. and Lazarsfeld, P. F. 1955 *Personal Influence*, The Free Press. 竹内郁郎訳1965『パーソナル・インフルエンス』培風館。

Mills, C. W. 1956 *The Power Elite,* Oxford University Press. 鵜飼信成・綿貫譲治訳1958『パワー・エリート（上）（下）』東京大学出版会。

Papi, F. U. 1991 "Personal Environments in the Process of Political Intermediation as a Topic of the Comparative National Election Studies." mimeograph.

Riesman, D. 1961 *The Lonely Crowd,* Yale Univercity Press. 加藤秀俊訳1964『孤独な群衆』みすず書房。

政治権道と兵権委任

第II部

4章　メディア内容の解読と投票意図

御堂岡　潔

1. デモクラシーとマスメディアによる報道

　近代デモクラシーの発展には長い歴史があるが，それはマスメディアによる報道と不可分である。古代ギリシャでおこなわれていたような，有権利者全員が意思決定に参加する「直接民主制」は，狭い地域，限られた権利者の数という条件があって初めて成立するものである。一方で，現在，日本を含む多くの国でおこなわれている「間接民主制」は，メディアの報道なしには成立しえない。

　民主政治が適切におこなわれるためには，選挙をはじめ，さまざまな手段で，多数の人々が政治に参加することが要請される。そのためには，理念上，社会で起こっている重要な出来事について，政治に参加する人々が必要十分に知っていることも要請される。ところが，政治にいっそう多数の事柄が関与するようになり，また，社会のしくみが複雑になってきていて，大部分の人にとって，メディアの報道なしに必要な情報を得ることは困難となっている。リップマン（W. Lippmann）が1920年代に指摘したように，人々が直接体験する環境ではなく，マスメディアなどが媒介するシンボルによって作られた疑似環境についてのイメージの重要性が増しているわけである（Lippmann, 1922）。

102

　したがって，社会についてのさまざまなマスコミ報道においては，理想的には，偏りのない客観的事実の報道がなされることが望まれる。

　ここで，「偏りのない客観的事実の報道」とは，いったいどのようなものであろうか。この一見簡単そうな問いかけに対する答えが，実はたいへんむずかしい。

　例えば，「ある地域での交通事故の数が多かった」ということを報道する場合について考えてみよう。ある記者は，運転者の意識や技能に着目し，安全運転の徹底がなされていないことを問題とするかもしれない。別の記者は，歩道のせまさに注目して，道路計画・都市計画の問題ととらえるかもしれない。また，別の記者は，事故にあう歩行者に年配者が多いことから，その地域の高齢化に関わる問題としてとりあげるかもしれない。

　このように，同じことがらについての報道でも，それをとりあげる視点によって，異なる内容になりうる。そして，その異なる内容のいずれもが事実であるということもある。実際にどのような内容の記事が報道されるか（あるいはされないか）を決めるのは，現地を取材した記者であり，メディアにおける編集者などゲートキーパーと呼ばれる人々である。

　こうして記者やゲートキーパーの視点にそってなされたマスメディアによる報道は，人々に，「事故が多い」という情報だけでなく，その情報に関連して何が重要なのかという情報をも，提供している。この「何が重要なのかという情報」を提供するかたちで，人々に影響をおよぼすと論じたのが，マコームズとショー（McCombs, M E. & Shaw, D. L., 1972）の議題設定機能仮説である。この仮説提示は，マスメディアの認知的効果についての実証的検討の発端となるものでもある。これに代表される認知的効果についての研究が，さまざまな形で発展し，精緻化され，検証されつつある。

　われわれCNEP研究会日本チームは，1993年の衆議院選挙（「55年体制」を終結させるにいたった日本の政治史上きわめて重要な選挙）の際

に，世論調査と，新聞・テレビ報道の内容分析とをおこなった。その内容分析の結果についての詳細は6章で示されるが，一部をここで紹介すると，次のようなことが明らかになっている。

全般に，どのメディアでも，当時，輩出した「新党」についての報道が多く，加えて，「新党」についてネガティブな報道は少なかった。また，読売新聞，日本経済新聞は，他の新聞と比べると，自民党に好意的な記事が多い（他の新聞では少ない）傾向があった。論点としては，「政治改革」が多くとりあげられていた。

以上のような特徴が当時の報道に見られたわけであるが，それらは「新党」にとって「有利な」疑似環境を作っていたといえるだろう。また，メディアごとの報道の特徴から，読売新聞，日本経済新聞をよく読む人と，別の新聞をよく読む人とでは，自民党への評価が異なっていた可能性も高そうである。さらに，メディアの議題設定機能がはたらいていたとすれば，人々は，「政治改革」を重要な論点として認識していたと考えられる。

2．メディア内容の解読

メディアが政治・選挙に関連して送り出す情報内容や視点にはそのときどきの特徴があり，その点だけ見ると，それを受けとる人々は大きく影響されるようにも思われる。しかし，実は，それを受けとる人々も多様であり，さまざまな解読のしかた，記憶のしかたをしているであろう。そして，そうして解読された情報，記憶された情報が，政治に関わる意識や行動へとつながっていくと考えられる。

つまり，人々がメディアに接する場合，メディアの内容は同じであっても，それを同じように受けとるとはかぎらない。さらにいえば，内容のどの部分に注意を払うか，また，どの部分を記憶しつづけているかなど，人により異なるものである。人によっては，解釈や記憶において，間違いをしてしまう場合もあるだろう。

これは，認知的効果を論じたメディアの「強力効果論」が登場する前に，盛んに論じられた「限定効果論」の考え方である。限定効果論の端緒となった研究として，ラザースフェルド（Lazarsfeld, P.）らの『ピープルズ・チョイス』の研究がある（Lazarsfeld, Berelson & Gaudet, 1948）。

ラザースフェルドらは，マスメディアの報道の効果は限定されたものであり，人々が元々もっている態度である先有傾向や，オピニオン・リーダーと呼ばれる人たちの意見の影響力のほうが強いことを見いだした。そして，その説明として，選択的接触（selective exposure）という概念をあげた。つまり，人々は，自分の先有傾向に一致するメディアを（場合によっては無意識で）選んで，接触しているという考え方である。

シアーズ（Sears, D. O.）とフリードマン（Freedman, J. L.）の批判的レビューによって，現在では，「選択的接触」という概念は疑問視されている。シアーズとフリードマンは，選択的接触に関わる多くの実証的研究を詳細に検討して，選択的接触に加えて，接しているメディアの特定の部分に選択的に注意を払うこと（選択的注意［selective attention]），あるいは特定の部分をよく記憶していること（選択的記憶［selective memory]）という二つの考え方があることを示した。そして，注意深い検討の結果，選択的接触や選択的注意というのは，これまで十分に検証されているとはいえず，そのように解釈されている多くのデータが，選択的記憶という概念で解釈するのが妥当であることを示した（Sears & Freedman, 1967）。

こうして，当初の選択的接触やその発展である選択的注意という考え方は妥当でないことが多いと批判を浴びたわけであるが，選択的記憶は確かに存在することが示された。しかも，従来，選択的接触あるいは選択的注意と解釈されていた諸研究のほとんどが，この選択的記憶により説明できるわけであり，その意味では，選択的記憶というのは非常に大きな作用をはたしていると考えられる。以降，本章では，これら選択的

過程を総称して，選択的認知過程と呼ぶことにする。

なお，これらの選択的認知過程の存在を示す研究が「限定効果論」と呼ばれ，先の議題設定機能に代表される認知的効果の研究が「強力効果論」と呼ばれ，しばしば対比されている。そこで，この二つのタイプの解釈が相容れないように考えられがちであるが，そうではない。互いに異なる側面におけるメディアの影響について論じるものであり，両立するものである。
(1)

以下，本章では，1993年の衆議院選挙に関連しておこなわれた全国調査，「選挙と報道に関する世論調査」を分析することで，メディア接触やその内容の解読・記憶と投票意図との関連について検討していく。

3．投票行動と意図に関する五つのタイプ

1993年の衆議院選挙は，日本新党，新生党，さきがけという三つの保守系の「新党」が登場して相当数の議席を確保したため，自民党中心の政治が崩れるという大きな変化を日本の政界にもたらした。そして，これら三つの「新党」が好調に得票をかせいだことに関して，マスメディアの影響が大きいという主張が大いになされた。

ところで，「新党」が登場し，それがマスメディアで報道され，また，人々の話題になっても，投票する政党を変えない人々もいる。また，「新党」が登場してそれに関するさまざまな情報を得て，投票する政党を変える人々もいる。ここでは，こうした政党選好の持続と変化に焦点をあてて，検討をおこなう。具体的には，この前回の衆議院選挙（1990年）のときに投票した候補者の政党と，今回投票するつもりの候補者の政党との組合せによって，回答者の中から，投票の持続と変化について特徴ある五つのタイプの人々を抽出した（表4-1参照）。

第一のタイプは，1990年の選挙で自由民主党（以下では自民党と略記）の候補者に投票し，1993年の選挙でも自民党に投票するというつもりであった人々で，その多くは強い自民党支持者であったと考えられ

表4-1 投票意識に関する五つのタイプとその特徴
（「選挙と報道に関する世論調査」より）

1990年の投票	1993年の投票意図		
A. 自民党	自民党	（自 → 自）	307名
B. 社会党	社会党	（社 → 社）	74名
C. 自民党	まだ未定	（自 → 未）	156名
D. 自民党	「新党」	（自 → 新）	84名
E. 自民党以外 及び投票せず	「新党」	（他 → 新）	55名
			（計676名［全体の51％］）

	年齢	学歴	収入
A. （自 → 自）	年配者	低学歴	高収入
B. （社 → 社）			
C. （自 → 未）	若年		
D. （自 → 新）	年配者	高学歴	
E. （他 → 新）	若年	高学歴	低収入

	選挙関心	期待	希望する政権	政治的な立場
A. （自 → 自）		景気回復	自民単独	保守的
B. （社 → 社）		政権交代	連立（自民除く）	進歩的
C. （自 → 未）	関心小		連立（自民含む）	
D. （自 → 新）	関心大		連立（自民含む）	
E. （他 → 新）	関心大	政治腐敗一掃	連立（自民除く）	進歩的

る。以下の部分では，「Aタイプ（自→自）」と呼ぶことにする。調査の全回答者1,333名中307名，およそ23％がこのタイプである。第二のタイプは，1990年も1993年も日本社会党（以下では社会党と略記）に投票という人々で，強い社会党支持者と考えられる。「Bタイプ（社→社）」と呼ぶことにする。人数は74名，全体の約6％である。以上の2つのタイプは，1993年の選挙で投票意図を変えなかった人々である。

第三のタイプは，1990年に自民党に投票し，1993年は，調査の時点で投票意図が未定であった人々である（「Cタイプ（自→未）」と呼ぶことにする）。投票意図が揺れ動いていた人々と考えられる。156名，約12％

である。

　残り二つの特徴あるタイプは，ともに，「新党」に投票する方向へ変化した人々である。まず，第四のタイプは，1990年に自民党に投票したが，1993年は三つの「新党」のいずれかに投票するように，投票意図を変えるつもりであった人々である（「Dタイプ（自→新）」）。このタイプの人々が84名，約6％いる。最後に第五のタイプは，1990年，自民党以外に投票したか，あるいは誰にも投票しなかったが，1993年は，三つの「新党」のいずれかに投票するつもりの人々である（「Eタイプ（他→新）」）。55名，約4％をしめていた。

　以上，特徴ある五つのタイプ（以下，「投票タイプ」と呼ぶ）の人々を合わせると，合計676名で，全回答者の約51％となり，約半数となる。残り半数の人々が重要でないというわけではないのだが，本章では，以上のような特徴が明確である人々に焦点をあてて，検討することにする。そうすることで，「『55年体制』をくつがえした1993年選挙における投票意図の持続あるいは変化」という重要な問題に，焦点をあてることができるからである。

　なお，上記五つ以外にも，特徴あるタイプというのは想定可能であるが，人数が少ないため分析にたえないので，残念ながら検討から除外した。いずれにせよ，本章における検討は，全対象者の分析によるのではなく，投票意図に関して特徴が明確であった約半数についての分析によるものであることに留意する必要がある。

　表4-1の下部に，これら五つの投票タイプの人々の年齢，学歴などの属性，選挙に対する関心と期待，そして希望する政権のあり方，さらに，政治に関して保守的と自認しているか進歩的と自認しているかについて，まとめてみた。

　まず，属性に関連して，性別による違いはほとんど見られなかったので，表には記さなかった。Aタイプ（自→自）の人々には年配者・低学歴・高収入の人々が多かったが，Eタイプ（他→新）の人々はまった

く逆であった。政治に関する意識も、Aタイプ（自→自）は「景気回復」を望み保守的と自認、Eタイプ（他→新）は「政治腐敗一掃」を期待し進歩的と自認しており、対照的であったことがわかる。

　また、同じように「新党」に投票したDタイプ（自→新）の人々とEタイプ（他→新）の人々は、学歴が高い層に多い。調査のときの1993年の衆議院選挙に関心が高かったという点では同じだが、Dタイプ（自→新）は年配者が多く、「自民党を含む連立政権」を希望している者が多かった。それに対して、Eタイプ（他→新）は若年層に多く、「自民党を含まない連立政権」を望む者が多かった。かなり異なる層であったことが見てとれる。

　なお、先にBタイプ（社→社）の人々は「強い社会党支持者と考えられる」と書いた。「政権交代」を最も強く期待していたのがこのBタイプ（社→社）の人々であり、その多くが「自民党を含まない連立政権」の成立を期待していた。しかし、このあと、自民・社会・さきがけの連立政権が成立するという事態が生じ、「政権交代」とはかけ離れた状況が生まれた。このことは「強い社会党支持者」の期待・希望を裏切るものであり、その後のBタイプ（社→社）の人々の意識に大きく影響したであろうことは想像にかたくない。

4．五つのタイプは新聞報道をどのように解読したか

　以上のような特徴をもつ五つのタイプの人々が新聞報道にどのように接していたかを見てみよう。

　表4-2の上部は、五つの投票タイプ別に、「最もよく読む新聞」についてまとめたものである。Bタイプ（社→社）とEタイプ（他→新）で朝日新聞を読む者が多く、Aタイプ（自→自）で読売新聞を読む者が多いという傾向が見てとれるが、統計学的に見て、確実に違いがあるとは言い切れない程度の差でしかなかった。

　また、投票タイプ別に接触の頻度も比べてみたが、これは「最もよく

4章 メディア内容の解読と投票意図 109

表4－2 五つのタイプと新聞 (「選挙と報道に関する世論調査」より)

最もよく読む新聞

	n	朝日	毎日	読売	紙	地方紙	その他	読まない
					ブロック			
A.（自→自）	306	12%	8	24	13	31	10	3
B.（社→社）	73	22	10	16	16	27	5	3
C.（自→未）	156	18	8	19	14	27	8	6
D.（自→新）	84	17	13	21	6	36	6	1
E.（他→新）	55	22	7	22	4	25	16	4
全　体		18	8	22	13	25	11	4
（クラマー・x^2検定）								

最もよく読む新聞が好意的だった政党 (MA)

	n	自民	社会	新党	その他	なし	DK
A.（自→自）	297	27	3	11	1	49	13
B.（社→社）	71	8	23	15	3	44	13
C.（自→未）	145	14	4	19	3	48	19
D.（自→新）	83	16	5	35	4	48	4
E.（他→新）	52	19	12	33	2	37	6
全　体		16	5	17	4	47	17
（クラマー・x^2検定）		17***	25***	25***			14**

（クラマー・x^2検定）欄：参考として、x^2検定をおこなった結果，統計的に意味のある
関連が見られた場合のみ記載した。

数字はクラマー係数を 100倍した値で，値が大きければ大きい
ほど，関連が強いことを示している。また，*で示したのは，
検定結果であり，*の数が多いほど，関連の確度が高い（***：
P<.001,**：P<.01,*：P<.05）。

なお，全ケースを対象としておらず，通常のクロス表検定とは，
意味合いが異なることに注意。

以上は，本章の以後の表において，すべて共通である。

読む新聞」の場合よりも，タイプ別で違いが見いだされなかった。新聞の中のどのような内容に接触していたのかという問題は残るが，調査からは，「投票する政党を決めていた人」「迷っていた人」「投票意図を変えた人」で，新聞からの情報収集の量に違いがあったとは言えない。

　以上のように新聞への接触については，投票タイプによる大きな違いは見てとれなかったのであるが，新聞報道の内容をどのように解読し，記憶しているかについては，はっきりとした違いが見てとれた。
　表4‐2の下部に，最もよく読む新聞が何であれ，その新聞が好意的であったと思う政党をいくつでもあげてもらった結果を示してある（新聞を読まないという人は除いて分析している）。ここで，投票タイプにより，大きな差が見いだされた。
　同じ政党への投票を続けたAタイプ（自→自），Bタイプ（社→社）では，最もよく読む新聞が何であれ，それぞれ，自民党，社会党に好意的であったとした者が，他を圧倒して多くなっていた。一方，「新党」に投票したDタイプ（自→新），Eタイプ（他→新）では，新聞も「新党」に好意的とした者が多かった。さらに，Dタイプ（自→新），Eタイプ（他→新）では，先に述べたように選挙への関心が高かったわけであるが，それを反映して，「分からない」と答える者が少なかった。

　以上の投票タイプ別の検討で，どの新聞を最もよく読むかについては違いがあまり見られなかったが，一方で，最もよく読む新聞が好意的だったと回答者が思った政党では大きな違いが見られた。このことから，これらの人々の投票意図に新聞接触が関わっていたとしても，そこに選択的認知過程が含まれていた可能性が高いことがわかる。つまり，新聞の報道内容や論調に違いがあるかないかは別として，読者は，みずからのスキーマ（考え方の枠組み）に合わせて，読んだ記事の特定の興味ある部分をよく記憶する傾向があった（選択的記憶）と考えられる。

5．五つのタイプとテレビのニュース番組

　では，テレビのニュース番組についてはどうであろうか。テレビのニュース番組は多様なので，当時比較的視聴率が高かった夜のニュース番組から，「NHKニュース7」「筑紫哲也ニュース23」「ニュースステーション」という，特徴ある三つの番組について調べた。検討した内容は，新聞の場合と同じく，各番組への接触の頻度と，視聴者がそれをどう解読し，記憶していたかということである。

　表4-3は，これらのテレビのニュース番組をどの程度見ていたかについて，投票タイプ別にまとめたものである。新聞の場合と異なり，テレビのニュース番組については，投票タイプで接触の頻度に違いがみられた。NHKの「ニュース7」については，同じ政党に投票を続けようとしているAタイプ（自→自）とBタイプ（社→社）で，よく見ている人が多かった。NHKのニュースには「保守的」とのイメージがもたれることもあるが，みずからを「進歩的」と考えている人が多いBタイプ（社→社）でも見ている人が多かった。

　一方，民放の「ニュースステーション」「ニュース23」については，投票意図が揺れ動いていたCタイプ（自→未），および，「新党」へと投票意図を変えたDタイプ（自→新），Eタイプ（他→新）で，見ている人が多かった（見ないという人が少なかった）。特にCタイプ（自→未）とDタイプ（自→新）でこの傾向が強いことから，元は自民党寄りで「新党」に心を動かされていた人々が，これらの番組を見る傾向が特に強かったことがわかる。

　このように，投票タイプで接触の頻度が異なるという場合，二通りの解釈の可能性がある。一つは，ニュース番組への接触が原因となって，人々の投票意図が形成されているという可能性である。もう一つは，人々の投票意図はあらかじめ定まっていて，その意図にあうようなニュース番組の視聴と記憶に関して，選択的な過程（選択的記憶，選択的注

表4－3　五つのタイプとテレビのニュース番組への接触
（「選挙と報道に関する世論調査」より）

NHKニュース7への接触（日）

	n	見ない	1～3	4～5	6～7
A．（自→自）	307	28%	17	12	43
B．（社→社）	74	34	19	8	39
C．（自→未）	156	44	19	9	28
D．（自→新）	84	37	26	7	30
E．（他→新）	55	47	27	9	16
全　　体		42	22	8	28
（クラマー・x^2検定）					12**

筑紫哲也ニュース23への接触（日）

	n	見ない	1～3	4～5
A．（自→自）	304	71	18	11
B．（社→社）	74	72	16	12
C．（自→未）	153	60	24	16
D．（自→新）	84	51	33	15
E．（他→新）	53	55	34	11
全　　体		63	23	13
（クラマー・x^2検定）			12**	

ニュースステーションへの接触（日）

	n	見ない	1～3	4～5
A．（自→自）	297	50	25	25
B．（社→社）	73	48	26	26
C．（自→未）	148	28	35	36
D．（自→新）	77	27	35	38
E．（他→新）	52	25	48	27
全　　体		35	33	31
（クラマー・x^2検定）			12**	

意）がはたらいている可能性である。

　ここで別の分析結果を見てみよう。それぞれのニュース番組が好意的
だったと、回答者が思った候補者の政党を投票タイプ別にまとめたのが
表4-4である。それぞれの番組を見ていなかった者は除いて分析してい
る。

　「ニュース7」については、回答者全体では自民党に好意的とする者
が最も多かったのだが、Dタイプ（自→新）、Eタイプ（他→新）では
「新党」に好意的とする者が最も多くなっていた。ここでは、ニュース
番組が人々の投票意図の形成に関わっていたという解釈をとることはむ
ずかしい。人々のほうで選択的記憶や選択的注意の過程がはたらいてい
たと考えるのが妥当であろう。

　一方、「ニュースステーション」については、どのタイプでも「新党」
に好意的とする者が多く、内容分析の結果が示すように、実際にも「新
党」に好意的ないしは中立的な内容の報道を数多くしていた。したがっ
て、この番組への接触が投票意図の形成に関連していたとするならば、
全体として、それは「新党」に有利な関わり方であったとして差し支え
ないであろう。

　ただし、その関連のしかたは、「新党」への一方向的なもののみであ
ったとはいえないようだ。というのは、Aタイプ（自→自）でニュー
スステーションが自民党に好意的とする者がやや多く、Dタイプ（自→
新）とEタイプ（他→新）で「新党」に好意的とする者が他のタイプ
より多いというように、投票タイプによる違いも多少は見られる。ここ
でも、選択的記憶や選択的注意の過程も、多少ははたらいていたと考え
るのが妥当であろう。

　なお、「ニュース23」については、回答者の中で見ている人の数が十
分多くなかったので、投票タイプによる違いを統計的に確認できなかっ
たが、ほぼ「ニュースステーション」の場合と同様の傾向があると見て
よさそうである。

表4−4　五つのタイプはニュース番組をどのように解読したか
　　　　（「選挙と報道に関する世論調査」より）

NHKニュース7が好意的な候補者の政党（MA）

	n	自民	社会	新党	その他	なし	DK
A．（自→自）	222	14%	1	6	1	69	12
B．（社→社）	49	10	4	8	0	57	20
C．（自→未）	85	9	2	4	4	75	14
D．（自→新）	53	9	4	19	2	68	2
E．（他→新）	29	14	3	24	7	66	3
全　　体		11	2	8	2	67	14
（クラマー・x^2検定）				22***			16*

筑紫哲也ニュース23が好意的な候補者の政党（MA）

	n	自民	社会	新党	その他	なし	DK
A．（自→自）	91	8	5	22	5	44	24
B．（社→社）	21	5	5	24	5	43	24
C．（自→未）	61	3	3	15	5	61	23
D．（自→新）	40	0	3	30	3	58	10
E．（他→新）	26	4	0	31	12	50	15
全　　体		5	3	20	4	50	24
（クラマー・x^2検定）							

ニュースステーションが好意的な候補者の政党（MA）

	n	自民	社会	新党	その他	なし	DK
A．（自→自）	159	10	4	19	1	50	20
B．（社→社）	39	0	8	18	8	51	23
C．（自→未）	111	2	4	17	5	60	20
D．（自→新）	62	0	3	35	6	44	19
E．（他→新）	42	5	2	31	5	57	10
全　　体		4	4	22	4	51	22
（クラマー・x^2検定）		20**		16*			

6．ソーシャル・ネットワーク，対人ネットワークとの比較

　以上に見てきた，1993年衆議院選挙における新聞・テレビと投票意図形成との関連についてまとめてみよう。

　新聞にせよ，テレビのニュース番組にせよ，関連はあるのだが，その内容がそのままストレートに読者や視聴者に影響するというわけではなく，読者・視聴者みずからが元々もっているスキーマ（考え方の枠組み）に合わせた選択的な過程が存在していた可能性があったことが明らかとなった。

　ここでクラマーの係数に注目して，関連の程度について考えてみたい。分析のしかたや分析した項目の性質が一致しているわけではないので，単純に比較することには少し無理がある。それを承知で敢えてまとめてみると，新聞にせよテレビにせよ，関連のしかたはいくつかのバリエーションがあったが，ある程度の関連が認められたといってよい（表4-2～4）。

　それがどの程度の関連かということについては，ソーシャル・ネットワークや対人ネットワークに関して，同様の分析をしてみて，その場合のクラマー係数の値と比較してみるとよくわかる。

　表4-5にある三つの表は，五つの投票タイプの人々が，それぞれ，一番重要とした団体はどの団体か，その一番重要な団体から選挙について手紙・電話・会合などにより頼まれたかどうか（以上，ソーシャル・ネットワーク），選挙の前の6カ月で大切なことがらを話し合った人がどの政党に投票すると予想したか（対人ネットワーク）という点について，まとめたものである。それぞれ，関連が見られているが，一番重要な団体からの依頼や，大切なことがらを話し合った人の投票意図（回答者による予想）などで，クラマー係数は大きな値を示している。

　ここで得られた結果から，敢えてまとめてみると，マスメディアよりも，ソーシャル・ネットワークや対人ネットワーク，特に対人ネットワ

116

表 4 − 5　ソーシャル・ネットワークと対人ネットワーク
（「選挙と報道に関する世論調査」より）

一番重要な団体

	n	労働組合	宗教団体	同業組合・業界団体	協同組合・農業漁業	町内会	老人会・婦人会・団体・青少年	スポーツグループ	趣味娯楽グループなど	その他
A．（自→自）	244	3%	2	11	17	34	12	4	8	9
B．（社→社）	56	30	2	0	4	34	5	9	13	4
C．（自→未）	115	6	2	5	11	43	8	4	12	8
D．（自→新）	60	7	2	10	13	30	13	3	5	17
E．（他→新）	40	18	10	3	3	32	5	10	5	15
全　　体		9	5	8	9	34	8	8	10	10
（クラマー・x^2検定）										22 ***

一番重要な団体からの投票依頼（MA）

	n	自民	社会	新党	その他	なし
A．（自→自）	235	24	3	3	3	73
B．（社→社）	55	9	33	2	4	62
C．（自→未）	115	14	6	6	6	77
D．（自→新）	61	15	8	18	8	70
E．（他→新）	38	8	11	8	5	74
全　　体		15	7	4	9	73
（クラマー・x^2検定）		16**	33***	21***		

過去6カ月で大切なことがらを話し合った人の投票意図（回答者による予想）

	n	自民	社会	新党	その他	棄権	DK
A．（自→自）	170	68	2	1	1	1	27
B．（社→社）	45	7	53	7	0	2	31
C．（自→未）	81	22	6	5	1	0	65
D．（自→新）	53	21	2	28	2	0	47
E．（他→新）	36	14	6	25	8	6	42
全　　体		27	7	7	9	3	46
（クラマー・x^2検定）							41***

ークのほうが，むしろ大きく，投票意図形成と関わっていたと見ること
ができそうである。

7．結び

　本章における1993年の選挙を題材とした分析から，人々は，新聞やテ
レビの内容を，自身のもつスキーマ（考え方の枠組み）に基づいて選択
的に受けとっていることが示された。つまり，同じ内容をマスメディア
が流していたとしても，その受けとり方は，人により異なっている。こ
のことから，メディアそれぞれの内容に，ときに違いや特徴があるだけ
でなく，読者・視聴者の側も，一種の色眼鏡を通して，メディアの内容
を見ていることがわかる。
　そうであれば，読者・視聴者にとっては，メディア内容の違いや特徴
と自身の色眼鏡とをどのようにあつかうかという，メディア・リテラシ
ーの問題が重要となってくる。この点については，現在，メディアの多
様化とも関連させながら，多くの研究がなされているところである。

（1）　選択的認知過程による「限定効果論」が提示されるまでは，マスメ
　　ディアによる報道は，社会に点在する大衆に大きな影響をおよぼすとい
　　う「強力効果論」が，一般に信じられていた。この「強力効果論」と
　　「限定効果論」は，相容れない対立するものである。

引用文献

Lazarsfeld, P., Berelson, B and Gaudet H. 1948 *The People's Choice.*
　Columbia University Press.
Lippmann, W. 1922 *Public Opinion.* MacMillan.（掛川トミ子訳『世論』
　岩波文庫，1987）
McCombs, M. E. and Shaw, D. L. 1972 The agenda setting function of
　mass medeia. *Public Opinion Quarterly.* **36**, 176-187.
Sears, D. O. and Freedman, J. L. 1967 Selective exposure : a critical
　review. *Public Opinion Quarterly.* **31**, 194-213.

5章　情報環境としての政治報道

稲葉哲郎

　政党は政治報道に敏感だ。選挙の時期ともなると報道の風向きで議席数が左右されると考え，報道内容に神経をとがらせ，批判も行う。1998年の参議院選挙の際にも次のような報道批判が見られた。

　「自民党は30日の役員会で，参院選報道を分析したが，その際に役員からテレビ朝日の報道番組への批判が出た。森喜朗総務会長が，同テレビの番組「ニュースステーション」の内容に触れ『自民党が勝ってしまうが，過半数を取らせていいのか』とのコメンテーターの発言があったが，選挙妨害で放送の中立性からも問題だ」と指摘。他の役員からも問題視する意見が上がった。自民党として内容を精査した上で，同テレビと発言者に対する法的措置も検討することになった。これに対し，テレビ朝日広報部では『参院選公示以降は，公平，公正を徹底している。番組をチェックした限り，（同党役員会で問題になったような発言は）全くない』と反論している」(1998年6月30日付　共同通信記事情報)。

　また，このような批判は選挙だけにとどまらず，政策報道にも及ぶ。1989年の参院選後に開かれた自民党とテレビ朝日の放送懇談会の場では，「ニュースステーション」の消費税批判の報道が問題となり，自民党側からかなり批判が出たと言われている（嶌信彦，1995）。そして，このような一連の政党と報道内容にかかわる事例の中で，最も問題となったのが，1993年の総選挙に関連して起きた「椿発言」問題である。

報道内容とそれに対する批判については，報道の自由をめぐる「政治とジャーナリズムの関係」がよく議論されるが，本論ではこの問題を有権者の情報環境という視点から議論したい。CNEP ではマスメディアを人々の意識と行動をつなぐ政治的媒介の一つとして検討してきており，政治に関して主要な情報源となっているマスメディアが有権者の情報環境のなかでどのような位置と役割を占めているかは重要な問題となるからである。

本章ではまず，日本の代表的なニュース番組や新聞記事のバイアスを有権者はどのように認知していたかを見ていく。このことは，人々がマスメディアから構成する情報環境の検討という意味を持つだけではない。この CNEP 全国調査が行われた1993年の総選挙は，テレビ朝日の番組が「新党よりの報道をおこなった」という非難を受けた「椿発言」問題が起きた選挙だからである。ここでは調査結果から，報道の認知について検討する。

また，後半では，個々の有権者をとりまく情報環境の成り立ちについて検討する。ソーシャル・ネットワークの分析からは，党派的に等質な対人情報環境にいる人が多いことが明らかになった（1章参照）が，マスメディアについても同じことがいえるだろうか。自らが接触しているマスメディアは等質的な情報環境を構成しているのだろうか。

なお，情報環境の党派性については，敵対的メディア認知（hostile media phenomenon）という現象の存在が報告されている。これは，「認知されたマスメディア内容の党派性」と「有権者の政党支持の方向」が一致していない現象である。簡単にいえば，報道内容に不協和を感じている状態であり，報道内容に対する批判の一因になるとも考えられる。本章では，このような現象をもたらす要因についても分析を行うことにしたい。

1. 「椿発言」問題とその背景

「椿発言」問題とは，椿貞良テレビ朝日報道局長（1993年総選挙当時）が選挙後の民放連放送番組調査会で反自民の連立政権を成立させるよう手助けとなるような報道をしようと報道部内でまとめていたと発言し，[(1)]それが産経新聞にスクープとして取り上げられたことをきっかけとして起きた事件である。

この問題が大きく取り上げられたことには，発言内容自体の問題だけでなく，当時の政治情勢と政治報道の関係が大きな影をおとしている。1993年の総選挙は，政治改革をめぐる論議の紛糾，宮沢喜一内閣不信任案可決，そして衆議院解散という経緯をたどったが，解散に影響を与えた一つの要因として，宮沢首相へのインタビューがあったのである。インタビューを行ったのは，テレビ朝日の番組でキャスターを務める田原総一朗。田原は宮沢に政治改革を実行すると発言させたが，それが実行されなかったことが，政治改革論議の紛糾に拍車をかけたのである。

さらに，衆議院解散直後に新党さきがけ，新生党という新しい政党が設立され，6月末に行われた都議選でも日本新党が勢力を伸ばしたことから，「新党ブーム」という言葉がメディアに溢れかえった。総選挙ではこれらの新党が合計100議席を獲得する一方で，自民党は過半数に及ばない223議席にとどまった。選挙直後から次期政権をめぐって各政党が激しい駆け引きを行ったが，最終的に細川護熙を首班とする非自民連立政権が成立し，自民一党支配を軸とした55年体制が崩壊した。

このような一連の過程を経て成立した細川政権は成立直後から「久米・田原連立政権」（柳田邦男・田勢康弘・上坂冬子，1993）と指摘されるなど，政治の変化においてテレビの果たした役割が大きく強調された。共にテレビ朝日のキャスターである久米宏や田原の影響が指摘される中で，報道局長である椿の反自民の政権の成立を手助けするような報道をしようとしたという発言は，自民党に大きな反響を引き起こした。

122

産経新聞の報道後，直ちに自民党は，国会の場で追及する姿勢を示したのである。

「椿発言」問題には，椿発言の内容自体の問題，発言テープの内容公開過程にかかわる問題，国会での証人喚問の是非をめぐる問題，テレビ朝日への条件付き放送局免許交付問題など多様な論点が含まれている。[2]しかし，ここで注目したいのは，これらの論点よりもむしろ，この椿発言自体や椿発言問題にまつわる言説の中にみられる，送り手や政治家の「テレビの影響」についての認識である。まずは椿発言の中から，自らの報道姿勢やテレビの影響力について触れた部分をみてみよう。

「自民党の敵失もあってきわめてラッキーだったんですが，55年体制を突き崩して細川政権を生み出した原動力，主体となった力はテレビであると私は確信しています。」「6月の終わりの時点から私どもの報道は，『小沢一郎氏のけじめをことさらに追及する必要はない。今は自民党政権の存続を絶対に阻止して，なんでもよいから反自民の連立政権を成立させる手助けになるような報道をしようではないか』というような（中略）形で私どもの報道（放送？）はまとめていたわけなんです。」「ご承知のように，衆議院選挙，例えば，海江田さんとか栗本慎一郎とか，もう事前の準備もなしに当選しましたし，それから，奈良の高市早苗さんとか築瀬進さんなんていうのは，かつての政治状況では当選などまったく及びもつかなかったと思います。これは，彼らの当選はもちろんテレビのお陰です。」（以上，1993年10月23日付　朝日新聞）

このような発言から，椿が「個人的に」新党寄りの報道姿勢をもち，テレビの影響力を大きいと認識していることが読みとれる。

一方，政治家の側もテレビの影響力を重大視している。報道への批判を繰り返すこと，また，この椿発言問題を自民党が問題視したのもその表れであろう。椿発言の中で，梶山静六とともに「時代劇の悪徳代官とそれを操っている腹黒い商人」とされた佐藤孝行は「テレビの映像は，老若男女を問わず，あらゆる階層のひとたちが無作為に見ている。その映像は活字のように後には残らないとはいっても，イメージを人々の頭

の中に焼きつける，メディアではもっとも強力なものだと思います。」
「テレビで放送していることを，本来は断片的な情報であってもそれを
100％の真実として受け止める人も多いのです。そういう人達にはこち
らがどう反論しても聞く耳をもってくれない。テレビが与えるインパク
トが痛烈なものであることを身をもって知りました。」（佐藤，1993）と
テレビの影響力を非常に大きいものとみている。

　このような認識は政治家にある程度共通するものだ。読売新聞が1996
年に衆議院議員に対して行ったアンケートでは，「政治・経済や社会問
題を考える時，（国民一般に対して）新聞とテレビではどちらが，強い
影響を与えていると思いますか」という質問に対して，テレビをあげた
ものは9割近くにのぼった。また，同じアンケートにおいて「テレビの
ニュースキャスターの意見や報道番組が有権者の投票行動に影響を与え
るか」という質問に対しては，69％が「非常に影響を与える」と回答し
ている（読売新聞社政治部，1996）。

　「報道にはバイアスがあるし，テレビの影響力は大きい」という認識
が政治家にあり，それを肯定するような発言が送り手側からなされた結
果，問題が大きくなったのが，「椿発言」問題であった。だが，このよ
うな政治家や送り手の認識は正しいのだろうか。

2．有権者のバイアス認知

　CNEP 全国調査の結果はこのような認識に疑問を投げかける。調査
では，テレビ報道，新聞報道のバイアスについて質問を行っているが，
結果は特定の番組による特定の政党への好意的バイアスの存在に否定的
である。[3]

　調査では，テレビについては，当時主要と考えられた五つの夜のニュ
ース（「NHK ニュース 7」「今日の出来事」「筑紫哲也のニュース
23（以下ニュース23）」「ニュース COM」「ニュースステーション」）を
とりあげて，まず人々がそれらをどれくらいの頻度で見ているかを質問

した。さらに，それぞれのニュースを週に1日以上見ている人たちに，そのニュースが政党に対して好意的な報道をしているかどうかを質問した。

　図5-1には，それぞれのニュースの視聴者のうち，そのニュースの報道が「ある政党に対して好意的だ」と答えた人の割合を示している。ここでは，結果をわかりやすくするために，社会党・公明党・民社党・共産党・社民連のいずれか一つにでも「好意的」と回答した場合は「既存野党に好意的」と分類し，新生党・新党さきがけ・日本新党のいずれか一つにでも「好意的」と回答した場合は，「新党に好意的」と分類した。

　結果をみると，「特になし」という回答の多さが目立つ。特に，「NHKニュース7」では見た人の3分の2が「特になし」と評価しており，最も少なかった「ニュース23」でもほぼ半数は「特になし」という回答である。また「わからない」という回答も2割前後と少なくなく，最も少ない「NHKニュース7」でも14％に及んだ。

　番組別にみると，「NHKニュース7」では「特になし」という評価が他の番組に比べて多く，また自民党に対して好意的と評価した人の割

図5-1　テレビニュースのバイアス評価（全国調査）

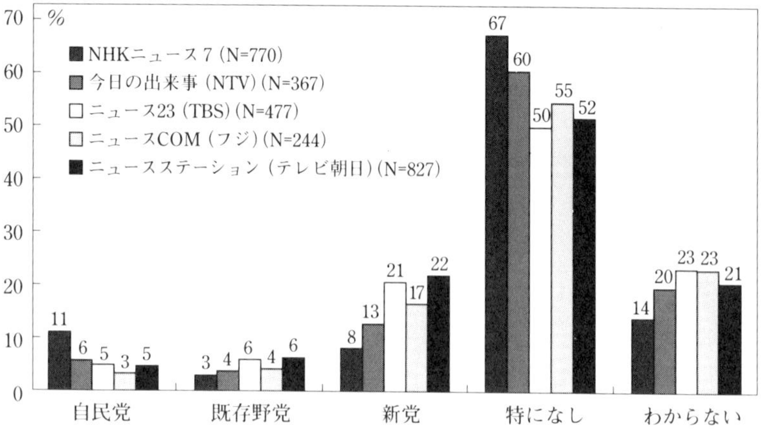

合と新党に対して好意的と評価した人の割合がそれぞれ1割程度と同じくらいいるところが特徴的である。民放の番組では,「ニュース23」「ニュースCOM」「ニュースステーション」が類似した結果となっている。新党に好意的だとする人が2割ほどいるが,自民党に対して好意的だと評価した人は数%に止まる。民放のニュースでも「今日の出来事」は「特になし」という人が他の民放のニュース番組に比べると多く,新党に対して好意的だとした人がやや少ない。

　政治家や送り手が当然視していた「メディアの効果」も,「受け手」の視点からみると事情が全く違っているようだ。では,テレビとならんで政治について主要な情報源と考えられる新聞はどうだろうか。

　調査では,最もよく読んでいる新聞と2番目によく読んでいる新聞を回答者にあげてもらっている。ここでは,そのどちらかに「朝日」「毎日」「読売」「産経」「日経」の主要5紙をあげた人を分析の対象とした。図5-2はそれぞれの新聞の読者のうち,その新聞の報道がある政党に対して好意的だと答えた人の割合を示している。

　まずわかるのが,どの新聞でも「特になし」という回答がほぼ半数を占めていることである。また,「わからない」という回答も2割前後と多かった。つまり「新聞は特定の政党に対して好意的だということはな

図5-2　購読新聞のバイアスの評価（全国調査）

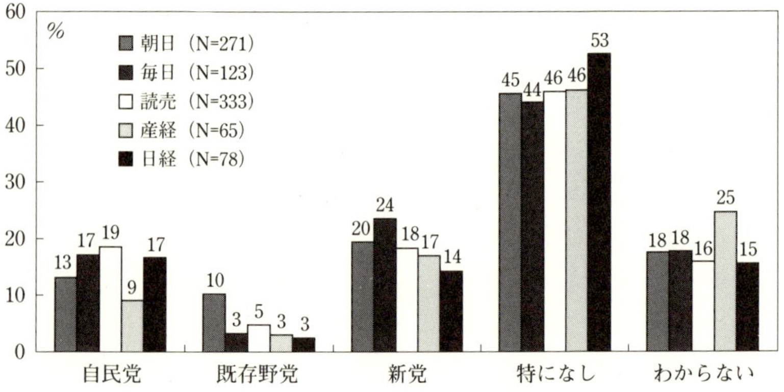

い」と考えている人が多いのである。一方,「新党」に対して好意的だと考えている人が,新聞により異なるが,1割から2割。「自民党」に対して好意的と感じている人よりはやや多いという程度である。また,朝日を除き,「既存野党」に対して好意的と感じている人も非常にわずかであった。

テレビと新聞の結果を比較してみると,新聞ではテレビよりバイアスを感じた人が多いが,それでも圧倒的に新党寄りということはないのである。

3.バイアスは存在したか?

以上のように,「受け手」の多くは,選挙期間中に特定のテレビニュースや新聞が特定の政党に対して好意的な報道を行っていたとは判断していなかったようである。テレビ・新聞ともに,バイアスの評価では「特になし」という回答が圧倒的に多く,また,「わからない」という回答も含めると全体の3分の2以上が,テレビニュースや新聞に特定の政党に対する好意的なバイアスを感じていなかったのである。

もっともテレビでは,いくつかのテレビニュースで,新党に好意的と感じた人の割合が,自民党に好意的とする人の割合より多かったことから,テレビニュースにバイアスがあったと推論することはできるかもしれない。河野武司(1998)による「ニュースステーション」と「ニュース23」の内容分析の結果は,自民党に対するプラスのイメージは全く放映されず,マイナスのイメージが31回放映された一方,新生党と日本新党についてはプラスのイメージは18回放映されたが,マイナスのイメージはまったく放映されなかった,というものであった。今回の分析結果はこの結果と整合的である。

しかし,このような結果から,直ちに「番組全体が特定のバイアスを持っていた」という結論を導くことはできない。というのも,「番組の中にバイアスを感じさせるところが部分的にあり,それは番組を頻繁に

5章　情報環境としての政治報道　　　127

見ている2割の「受け手」がそのような微妙なバイアスに反応できたの
だ」という解釈もできるからである。実際，新党への好意的なバイアス
を評価する割合が高かった三つのテレビニュースについて，接触頻度と
評価との関連をみたところ，これらのニュースへの接触頻度が多いほ
ど，新党への好意的バイアスがあると答えた人が多かった。

　表5-1は番組ごとに，視聴頻度別に報道が新党に対して好意的と感
じた人の割合を示している。「ニュース23」や「ニュースステーション」
の視聴者に関しては，「週に1日」という人では1割強の人しか新党に
好意的バイアスを感じることはなかったが，「週に4～5日」という人
では2割以上が好意的バイアスを感じていた。最も差のはっきりしてい
た「ニュースCOM」では，「週に1日」という人では4％だったが，
「週に6～7日」の人では3割以上がバイアスを感じていた。

　仮に番組が常にある政党に好意的なバイアスを持っていたら，接触頻
度が少なくても番組からバイアスを感じることができるだろう。従っ
て，接触頻度によりバイアスを感じる人の割合が左右されることはな
い。ところが，接触頻度が多い層でバイアスを感じる人の割合が多くな
るということは，番組中のバイアスは選挙期間中を通じて常に存在する
ものでなく，頻繁に見てはじめてわかるような，散発的に生じた現
象だった可能性が高い。

　なお，こうしたバイアスが非常にわかりにくいものであったことは，
「わからない」という回答の多さからもいえる。番組や新聞によってば
らつきがあるが，「わからない」という回答が1割5分から2割5分ほ

表5-1　新党への好意的バイアスを感じた人の割合
（週当たり視聴頻度別）

番　組	1日	2～3日	4～5日	6～7日
ニュース23	12	20	27	―
ニュースCOM	4	18	25	35
ニュースステーション	14	20	26	―

「ニュース23」と「ニュースステーション」は週5日の放映，全国調査　数字は％

どの割合を占めている。「全国調査」では，テレビや新聞への接触を質問する際に，「ふだんの接触」について質問しており，特に政治関連報道に限って聞いているわけではない。そこで，この「わからない」という回答には「最初から政治関連報道に接していない」視聴者・読者と「政治報道に接してもバイアスについてはよくわからない」という人々が混在していることになる。今回の調査では両者の割合を比較することはできないが，バイアスの有無を判断できない人々が一定数存在するということはいえるのではないだろうか。一部の「受け手」にとっては，マスメディアのバイアスを判断することは困難を伴う作業なのである。

　一方，新聞では，新党へのバイアスを感じた人もいれば，それよりはやや少ないものの自民党に好意的なバイアスを感じた人もいた。新聞報道を内容分析した結果も，新党だけでなく，自民党への好意的バイアスがあったことを示している（6章参照）。この研究では，読売・朝日・毎日・日経・産経の5つの新聞の内容分析を行い，自民党，既存野党，新党に有利な記述や不利な記述があるかどうかを分析している。新聞により差はあるものの，有利な記述を含む記事と不利な記述を含む記事件数の割合を比べてみると，自民党では1対1から3対1ほどであり，既存野党については1対3から2対1ほどだった。一方，新党については，10対1から4対1ほどで有利な記述が圧倒的に多かった。有利だと判断された記事件数を比較してみると，自民党と新党ではそれほど差がない新聞が多く，圧倒的に新党に有利な情報ばかり流れていることはないと考えられる。そこで，自民党にも好意的と判断する有権者が一定の割合で生じたと考えられる。

　以上の結果を情報環境としてみた場合，日本の代表的なマスメディアは，特定の政党に対して好意的な情報環境を提供しているとは言い難い。とすれば，政治家が持つマスメディアについての認識は，「マスメディアのしろうと理論」（池田謙一，1997）だということになる。メディアが説得の意図を持ち，特定の内容を報道し，その内容に応じた影響が現れる。そんな単純な図式は，「しろうと」にありがちな根拠のない

直感にすぎないのではないだろうか。調査結果は、番組があたかも特定の政党へのバイアスに染まっているかのような報道批判は誤りであることを示し、「しろうと」の認識に修正を迫るものだったと考えられる。

4. 情報環境の党派性

　多くの人々がマスメディアの特定政党への好意的なバイアスを感じていなかったとはいえ、少数ながら、バイアスを感じた有権者が存在したことも事実である。ただ、そのバイアスの感じ方は、同じ報道に接しているにもかかわらず、必ずしも特定の政党のみに生じるというわけではなかった。自民党への好意的バイアスを感じた人もいれば、新党への好意的バイアスを感じた人もいたのである。

　ソーシャル・ネットワークの分析では、人々は党派的に等質な対人的政治情報環境の中にいたが、人々がマスメディアから形成する情報環境にも同じことがいえるだろうか。マスメディアにもソーシャル・ネットワークと同じ状況があてはまると考えれば、報道にバイアスを感じた場合、それは自らの政党支持と一致するような方向になる。

　一方、逆の考え方もできる。本章の初めに政党によるマスメディア批判をとりあげたが、このような批判が行われる前提に、「マスメディアが自らの所属する政党に対して好意的な報道を行っていない」、もしくは「他の政党ばかりに好意的な報道をしている」といった認知が生じていると考えてみることもできる。このような認知はなにも政党関係者に限られるわけではない。有権者一般にも起こり得る現象である。

　このような党派的な「受け手」が、マスメディアの報道を自分のもつ党派性と反対の方向に認知する傾向のことを「敵対的メディア認知」という。ヴァローンら (Vallone, R. P., Ross, L., and Lepper, M. R., 1985) は、このような現象が生じることを次のような実験で確認している。彼らは、ニュースを編集して作成した「イスラエルの西ベイルート侵攻」の映像（36分）をアメリカの大学生144人に見せた。視聴後に行

った質問の回答を分析すると，親イスラエル派の学生は映像を親アラブ的と判断し，親アラブ派の学生は同じ映像を見たにもかかわらず，その映像を親イスラエル的と判断した。そして，党派的な人は知識をもっているほど，また感情的関与が高いほどバイアスを感じていたのである。

　また，CNEP アメリカチームのメンバーであるベック（Beck, P. A., 1991）は，1988年の大統領選の際にオハイオ州で調査を行い，新聞とテレビについて，メディアがブッシュ（Bush, G.）に好意的か，デュカキス（Dukakis, M.）に好意的か，それともバランスがとれているかを質問している。新聞では自分の支持する候補に好意的な報道をしているとする「協和的」が17％，バランスがとれているとする「中立的」が60％，自分の支持しない候補に好意的だとする「敵対型」が23％であった。一方テレビでは「協和的」9％，「中立的」64％，「敵対的」27％であった。そして，このような認知に影響を与えている要因は，新聞では学歴，キャンペーンへの関心，イデオロギーへのコミットメントの強さ，テレビでは候補者に対する感情の強さであった。

5．メディア認知は敵対的か？

　1993年の総選挙では自らの政党支持と一致するような協和的なバイアスの認知が起きたのか，それとも敵対的なメディア認知が起きたのだろうか。分析では，まず「親しみを感じている政党」と「最もよく読んでいる新聞が好意的に報道している政党」が一致するかどうかを検討した。よく読んでいる新聞が親しみを感じている政党だけに好意的である場合，その回答者は「協和的」であると分類される。自分が親しみを感じている政党以外の政党のみに好意的だった場合は「敵対的」，特定の政党に対して好意的報道をしていないとする場合は「中立的」と分類した。[4]

　同様の分析を「最もよくみるニュース番組」についても行った。最もよくみるニュース番組は「NHK ニュース 7」「今日の出来事」「ニュー

ス23」「ニュースCOM」「ニュースステーション」の中から，回答者が
最もよくみているものを分析の対象とした。[5]

　さらに，比較のためアメリカのデータについても分析を行った。アメ
リカ調査ではクリントン（Clinton, B.），ブッシュ，ペロー（Perot, R.）
の3候補のうち「投票したか選挙期間中に最も好意的に感じた候補」と
「最もよく読んでいる新聞，最もよく見ているニュース番組が好意的に
報道している候補」とが一致しているかどうかで分類を行った。

　表5-2がその結果である。まず，日本についてみると，最も多いの
は，新聞でもテレビでも「中立的」で，新聞では6割以上，テレビでは
7割以上を占めた。また，敵対的メディア認知の割合は新聞では19%，
テレビでも18%であった。なお，協和的認知は新聞では敵対的認知と同
じほどの割合で見られたが，テレビでは少なかった。一方，アメリカで
は，日本と比較すると新聞でもテレビでも「中立的」が少なく，新聞で
は5割以下であり，テレビでも6割という結果であった。ただし，新聞
で協和的認知をしている人が多いことや，テレビで協和的な人に比べ敵
対的な人が多いことは共通していた。

　敵対的メディア認知はアメリカほど広く見られるわけではないが，日
本でも生起している現象だといえる。

　新聞とテレビは有権者にとって主要な政治情報についての情報源であ

表5-2　バイアスの認知の類型

		日本 (N=846)				アメリカ (N=880)			
		テレビ				テレビ			
		協和的	中立的	敵対的	合計	協和的	中立的	敵対的	合計
新聞	協和的	4	11	4	18	4	14	2	20
	中立的	2	54	6	62	5	31	10	46
	敵対的	1	10	8	19	2	15	16	33
	合計	7	75	18	100	11	61	28	100

　数字は%．日本のデータは全国調査の分析結果

132

る。従って，これら二つからの情報のバイアスを考慮することで，有権者をとりまくマスメディアによる情報環境がどのように偏向して認知されているかが明らかになる。新聞とテレビのバイアス認知をクロス集計した結果をみると，日本では双方ともに「中立的」という人が半数を占めたが，アメリカでは全体の3分の1程度であった。テレビと新聞の関係については，それぞれの認知の間に関連がみられた。新聞に対して敵対的な認知をしている人は，テレビにも敵対的認知を行っており，また，新聞に対して協和的認知をしていた人はテレビにも同様の認知をしていたのである。なお，同じような関連はアメリカでもみられた。一方が敵対的で，一方が協和的という認知をしている回答者は非常に少ないのである。日米で共通して，有権者は等質的な情報環境の中にいるが，日本の有権者の等質性は「中立性」で特徴付けられる一方で，アメリカの有権者の等質性は「党派的」だといえそうである。双方とも敵対的認知もしくは双方とも協和的認知を行っている回答者の割合を合計してみると，日本では1割ほどだが，アメリカではほぼ2割を占めるのである。

6．敵対的メディア認知はなぜ起こるのか

では，この敵対的メディア認知と関わる要因はどのようなものだろうか。敵対的メディア認知はメディアに対する批判とも関連の深い現象であるので，どのような要因と関連するかを検討することは意味があるだろう。ここでは，敵対的認知の特徴を明らかにするために，敵対的認知をしている人と多数派である中立的認知をしている人を判別するロジスティック回帰分析をおこなった。

分析に利用する変数は，これまでの先行研究を参考にするとともに，予備的分析の結果をもふまえて，次の変数を選んだ。デモグラフィック要因からは性別，年齢，学歴を，また感情的要因としては，日本では自民党，社会党，新党に対する好意度を，アメリカ調査ではブッシュとク

リントンの好意度の差，およびペローに対する好意度，さらに認知的な要因として，新聞，テレビニュースそれぞれに対する注目度，政治的知識を利用することとした。⁽⁶⁾

分析の結果が，表5-3に示されている。全体として判別的中率はよいもので60％ほどであり，必ずしも高いとはいえない結果であった。また，モデルとしてのあてはまり具合を新聞とテレビで比較すると，新聞のほうが的中率が高かった。

日本の結果をみると，新聞については，年齢，知識，報道への注目度が関連していた。年齢が若く，政治的知識があり，新聞報道へ注目していると，敵対性を認知していたのである。テレビについては，性別と政治的知識は新聞と共通に影響していたが，報道への注目度の影響はなく，代わりに自民党への好意度が影響を与えていた。

一方，アメリカの結果をみると，新聞では年齢が上になるほど，また学歴が高いほど，ブッシュへ好意的なほど，またペローに好意的なほ

表5-3　敵対的メディア認知のロジスティック回帰分析

	日本		アメリカ	
	新聞	テレビ	新聞	テレビ
性別(男性＝1，女性＝2)	-0.11 *	-0.13 *	0.01	-0.04
年齢	-0.16 **	-0.09	0.12 *	-0.05
学歴	0.02	-0.02	0.12 *	-0.06
自民党への好意度	0.06	0.11 *	—	—
社会党への好意度	-0.03	0.06	—	—
新党への好意度	-0.01	-0.04	—	—
ブッシュへの好意度	—	—	0.16 **	0.46 ***
ペローへの好意度	—	—	0.21 ***	0.11
新聞(テレビ)への注目度	0.17 **	0.01	0.15 *	0.08
政治的知識	0.12 *	0.12 *	0.08	0.07
判別的中率(%)	59	56	60	51
N	741	760	489	524

数字は標準化した回帰係数，係数の有意水準は * p＜.05，** p＜.01，*** p＜.001
日本のデータは全国調査の分析結果

ど，そして新聞の報道に注目しているほど，敵対的な認知を行っていた。テレビについては，今回検討した要因のうち，ブッシュへの好意度の要因のみが有意な効果がみられ，ブッシュに対して好意的なほど敵対的認知をしていた。

アメリカと日本の結果を比較すると，日本では新聞でもテレビでも性別と政治的知識の効果がみられたのに対し，アメリカではこれらの効果がみられず，好意度の効果が大きいことに特色がある。また，新聞については日米で報道への注目度と年齢の効果が見られたが，年齢については日本とアメリカで効果の方向が異なっていた。また，テレビでは共通して好意度の効果が見られた。

先行研究と比べてみると，デモグラフィック要因については，ベック（1991）とは異なる結果が得られた。特に，日本においては年齢の効果に特色があった。また，政治的知識，政党への好意度，報道への注目度が影響をあたえているという結果はヴァローンら（1985）の知識，感情的関与がメディアの敵対性の認知に影響をあたえる，という結果を支持するものである。

日本で年齢が低いほど敵対的認知がみられるのは，若い世代のマスメディアへの接し方と関連があるかもしれない。例えば，読売新聞社が行った世論調査結果は若い世代がマスメディアに対して批判的なことを指摘している（読売新聞1996年6月12日）。批判的な視聴態度をもってマスメディアに接することで，敵対的認知を生じる可能性がある。実際，ゲイナー・ソロラとチェイキン（Ginner-Sorrolla, R. and Chaiken, S., 1994）の研究では「報道は偏っている」というマスメディアについての信念が敵対的認知を生んでいた。

こうした敵対的メディア認知が起こるメカニズムについては，二つのメカニズムが推定されている（Vallone et al., 1985）。一つは，同じ報道に接していても，報道内容自体が異なって認知されることによって生じるとするものである。つまり，態度に反する情報が選択的に接触されたり想起されたりする結果である，というものである。そして，もう一

つは，報道内容自体は同じように認知されているが，その報道内容自体の公平性に対する評価が異なり，結果として自らの態度に基づいて判断されるというものである。

　先にあげた分析結果では，知識量が多いこと，報道への関心が高いことが敵対的認知と関連していたが，これは第一のメカニズムが働いたためと考えられる。知識があることや報道に関心を持っていることで，報道中に存在する自らの支持政党に対してネガティブな面に反応したり，気づいたりしたのだろう。また，政党や候補者への好意度が関連していたのは，第二のメカニズムが働いたためだろう。政党や候補者への好意度が強ければ，そのような態度に沿って報道内容が評価されると考えられるわけだ。

　なお，新聞では報道への関心が，テレビでは候補や政党への好意度が，日本とアメリカで共通して効果があった。新聞はじっくり読むことができるが，テレビは繰り返しができないというメディア特性の差を反映していると考えることもできるだろう。

7．心理的バイアスに目を向ける

　本章では前半部分で「受け手」の多くが政治報道に対して「中立」もしくは「わからない」という評価をしていることを明らかにした。テレビでは，民放のニュース番組で新党に好意的なバイアスがあったとする人が２割ほど見られたが，「椿発言」問題の一因となった「ニュースステーション」という番組のみが特に新党への好意的なバイアスを持っていたとは認知されていなかった。これらのことから判断すると，「ニュースステーション」という特定の番組を「報道にバイアスがあった」と自民党が批判したことはやや過敏な反応であったと考えられる。

　マスメディアの影響力という点からこの結果を考えると，マスメディアに対する「しろうと理論」に疑いを投げかけるものである。マスメディアは偏った報道を選挙期間中に続けていることはなかった。本章で問

題とした1993年総選挙の後に行われた96年の選挙においては，椿発言問題の影響もあり，より一層中立的な報道が行われたという内容分析の結果（河野，1998）もある。こうしたことを考え合わせても，放送制度の大きな変革などない限り，マスメディアが特定の意図をもって，説得的な報道を行うことは今後も考えにくいのではないだろうか。

　ただし，このことは「有権者に対してマスメディアが全く影響を与えない」ということを主張するものではない。有権者の情報環境という視点からみても，理論が提唱されて以来数多くの研究が行われている議題設定機能の研究や，それと関連の深いプライミング効果など，マスメディアの効果がみられる研究例も数多い。[7]

　なお，後半では，メディアが提供する情報環境の党派性について分析を行った。ソーシャル・ネットワークに関する結果とは異なり，日本では多くの回答者が自らを取り巻くメディア環境を中立的と認知していた。新聞やテレビが自分の支持政党とは異なる政党に対して好意的な報道を行っていると認知する敵対的メディア認知がみられたのは，2割ほどであった。その認知をもたらす要因を検討したところ，知識や感情などの要因の影響があることが明らかになった。報道にバイアスを感じるのは，報道内容にバイアスがあるからだとは限らない。それは，われわれの心の中のバイアスを映し出したものかもしれないのである。

（1）　発言内容は1993年10月23日朝日新聞に掲載された調査会議事録によった。

（2）　三上俊治（1994），渡邊薫（1994）などを参照。

（3）　全国調査が実施されたのは投票日直前であり，当時はもちろん「椿発言」問題など生じていないため，そのことにより回答者が影響を受けていることはない。

（4）　この他に，新聞が，自分が親しみを感じている政党にもそうでない政党にも好意的だったと感じる「混合的」なパターンがある。このパターンに属するのは，日本では新聞で全体の5％，テレビで4％，アメリカでは新聞・テレビとも全体の1％にすぎない。ここでは，結果をわか

りやすく表示するため，このパターンを集計から除外した。

（5）　最もよく見ているテレビニュースは以下の方法で特定した。まず，放映日数の差を調整するために，「NHK ニュース 7 」と「ニュース COM」を「週 4 〜 5 日程度」見ている人は「週 2 〜 3 日程度」とコーディングし直した。そして，視聴頻度が最も多いものが一つの場合は，そのテレビニュースを，同程度のものがある場合は，その中で「ニュースステーション」「NHK ニュース 7 」「ニュース23」「今日の出来事」「ニュース COM」という順に最もよくみるテレビニュースとした。これは，全国調査で視聴している人数の割合が多い順である。なお，放映日数の差を調整しない分析もおこなったが，分析結果はほぼ同様であった。

（6）　自民党への好意度，社会党への好意度は 3 段階に分類したものを利用した。新党への好意度は，日本新党への好意度と新生党への好意度を合計したものを 3 段階に分類した。両者の相関が高かったためである。ブッシュへの好意度は，ブッシュへの好意度とクリントンへの好意度の相関が高かったので，ブッシュへの好意度からクリントンへの好意度を引いた得点を 3 段階に分類した。両者の相関が高かったためである。ペローへの好意度も 3 段階に分類したものを利用した。政治的知識尺度は次のように作成した。全国調査では，「政治改革」「PKO」の二つの問題に対する政党の立場を，五つの政党について質問している。この10問について DK または NA と回答した数を算出し，それを 3 段階に分類した。アメリカ調査は，「医療保険」「中絶」「マイノリティの救済」「環境と経済」の四つの争点について，ブッシュ，ペロー，クリントンの三人の争点立場について質問しているので，この12問について DK または NA と回答した数を算出し，それを 3 段階に分類した。

（7）　田崎篤郎・児島和人（1996）や竹下俊郎（1998）などを参照。

引用文献

Beck, P. A. 1991 Voter's Intermediation Environments in the 1988 Presidential Contest. *Public Opinion Quaterly*, **55**, 371-394.

Ginner-Sorolla, R. and Chaiken, S. 1994 The Causes of Hostile Media Judgements. *Journal of Experimental Social Psychology*, **30**, 165-180.

池田謙一1997『転変する政治のリアリティ』木鐸社。

河野武司1998「第40回及び41回総選挙に関するテレビ報道の比較内容分

析」『選挙研究』13巻，78-88.

三上俊治1994「一九九三年七月衆議院選挙におけるマスメディアの役割」
『東洋大学社会学部紀要』31巻2号，143-202.

嶌信彦1995『メディア影の権力者たち』講談社。

佐藤孝行1993「「天下の悪役」大いに語る：自民党よ，世を欺くテレビに
迎合するなかれ」『文藝春秋』12月号，158-165.

竹下俊郎1998「マスメディアの利用と効果」竹内郁郎・児島和人・橋元良
明（編著）『メディア・コミュニケーション論』北樹出版，159-175.

田崎篤郎・児島和人1996『マス・コミュニケーション効果研究の展開［新
版］』北樹出版。

Vallone, R. P., Ross, L., and Lepper, M. R. 1985 The Hostile Media
Phenomenon : Biased Perception and Perceptions of Media Bias in
Coverage of the Beirut Massacre. *Journal of Personality and Social
Psychology,* **49** (3), 577-585.

渡邊薫1994「政治報道と放送法の問題」『コミュニケーション研究（上智
大学）』24巻，91-106.

柳田邦男・田勢康弘・上坂冬子1993「TVファシズムの時代」『文藝春秋』
12月号，144-156.

読売新聞社政治部1996『政まつりごと』読売新聞社。

第Ⅲ部

老衰するメシア・エイズ・ポリティクス

6章 「認知動員装置」としてのメディア

川上和久

1 はじめに

　国政選挙の際に創りだされる情報環境には，独特のものがある。それは，投票権を行使するという有権者の行動が，実質はともかくとして，民主主義システムの理論の上ではその国の進路自体を決定するという，コントロール感が高まってくることが背景にあるだろう。それだけでなく，選挙というある種の巨大なイベントに向けて，政党，候補者の後援会，各種団体，その他のネットワーク，マスメディアなどを通して，さまざまな情報が流通する。国政選挙時には，政治的抽象概念の操作能力が向上し，政治的認知や心理的関与が全国化していくが，これは投票に向けての「認知の動員」といわれている。

　このような「認知の動員」の上で，相対的に大きな比重を占めているのがマスメディア，なかんずく新聞とテレビであろう。マスメディアは，強力な議題設定機能を持ち，有権者の争点についての優先順位を決定する。1995年の参院選で，「争点なき選挙」「社会党が敗北する選挙」「シラケ選挙」などのレッテルがマスメディアによって貼られ，史上最低の投票率になったかと思えば，一転して1998年の参院選では，このまま投票率が史上最低を更新し続けていいのかというような危機感が語ら

142

れ，テレビや新聞でも「投票に行こう勢」などによる投票への呼びかけキャンペーンが報道され，「投票に行く」こと自体が争点として語られ，ソーシャル・ネットワークとも相乗作用が生まれた。いわば，マスメディアによる，ソーシャル・ネットワークも含めた「認知の動員」によって，投票率が一気に95年の45％台から58％台にまで急上昇したと言われたことは記憶に新しい。マスメディア報道自体が，投票への動員力を決定するという意味では，意図的に特定の政党や候補者への誘導を図るわけではないにしろ，選挙における認知の枠組みを決める，一つの「動員装置」になっているといえよう。その意味では，日本において，アメリカほどではないにしても，条件さえそろえば，ある種の「メディア・ポリティクス」が成立していると言っても大げさではない。

　一方で，このような「認知の動員装置」としての機能の実態について，さまざまな角度から検討が加えられてきた。マスメディア報道への接触のもたらす直接的な投票行動への影響，情報環境認知に及ぼす影響，選挙予測報道の影響などである。本章では，マスメディアのこういった影響について考察を加えつつ，1993年の総選挙におけるマスメディアの報道を分析し，それが投票行動にどのような影響を与えたのか，そしてさらに，マスメディア自体が多様化していく中で，「認知動員装置としてのメディア」の機能はどういった形に変化していくのかを展望してみたい。

2　稠密なマスメディア情報空間・日本

　日本は先進諸国の中でもとくにマスメディアが高度に発達した国であるといってよい。約１億2000万の人口に対し，新聞は全国紙，ブロック紙，地方紙合計で朝刊5,178万部，夕刊20,92万部，合わせて約7,300万部が一日に発行されている。日本全国をカバーしている全国紙が５紙あるが，これら５紙の発行部数合計は，朝刊2,749万部，夕刊1,319万部で，いずれも全発行部数の中で50％を超える寡占状態になっている。そ

6章 「認知動員装置」としてのメディア　　　143

の他にも，スポーツ新聞が650万部以上発行されており，トップの日刊
スポーツの発行部数は200万部近い。[1]

　テレビの普及率は実質的に100%で，多くの家庭で2台以上所有して
いる。公共放送であるNHKは，BBCに次いで世界第二位の規模を持
つ。NHK総合では，1日あたりほぼ10時間を報道にあてており，衛星
第一放送では，13時間以上が報道にあてられている。民放は1日に4時
間強を報道にあてている。平均世帯視聴時間は，1日あたり約8時間で
ある。[2]

　その他，雑誌やラジオなどの普及率も高い。このようにマスメディア
は日本全国，全国民をカバーしており，稠密な情報空間を形成してい
る。しかも，日本新聞協会研究所（1992）などのデータでは，人々がマ
スメディアに寄せる信頼感は強く，積極的信頼と消極的信頼を合わせる
と，新聞では8割以上，テレビでも6割以上がマスディアを信頼してお
り，マスメディアは人々に影響を及ぼす強い力を持っている。アメリカ
においてはすでにメディアと政治の関係についての多くの研究から，メ
ディアが政治家の人気を決定することを示しているが，日本の稠密なメ
ディア空間を考えれば，これは日本にも当てはまる部分があると考えら
れる。

3　マスメディアと投票行動

　日本の選挙の際にも，争点や各党の政策に関する知識，候補者の能力
や人柄についての評価，選挙結果の予想，投票意図，候補者の選択など
にマスメディアが影響を与えていることは疑う余地がない。ただ，その
影響の多寡や，どういった認知・態度に影響するかについては，従来さ
まざまな議論がなされてきた。

　たとえば，池田謙一（1988）は，1986年の衆参同日選挙の際のパネル
調査をもとに，パスモデルを使って，メディア報道への接触が投票意図
にどのような影響を与えているかを分析している。これによれば，選挙

期間中における報道の一つの大きな柱である選挙情勢報道と，候補者の当落の予想の間には統計的に有意な関連があること，しかし，当落予想から投票意図というパスでは，統計的に有意な関連が見られないことを見いだしている。

当落予想とはいっても，それが接戦であるか否か，最下位当選者と次点候補者の間の所属政党パターンによってもその影響は異なってくる。小林良彰（1990）は，自民党候補者や社会党候補者が複数擁立されている選挙区に限定して，そういった選挙区では同一政党の候補者間でアンダードッグ効果が生じ，当落予想で優勢と報じられた候補者から，劣勢と報じられた候補者への票の移動が起きていることを実証的に明らかにしている。

マコームズとショー（MacCombs and Shaw, 1972）によって提起された議題設定効果も，たとえば小林（1990）が日本について計量的に分析した結果では，一部の属性では関連が見られるものの，全体的には議題設定効果が見られないという知見が提起されている。岩淵美克（1986）も，議題設定効果に対して否定的な分析結果を提示している。

日本の国政選挙について分析された，マスメディア報道の投票行動に及ぼす影響への知見をみると，マスメディアが客観報道に徹し，特定の政党に偏しないという原則を持っている理由以外に，日本における衆議院の選挙制度自体が，マスメディア報道の効果を限定的なものにしていた点は否めない。従来の中選挙区制の下では，有権者の15％から20％にあたる支持基盤を固めれば当選できるため，選挙マシンとして支持団体が大きな影響を与えていた。マスメディアの力を頼らなくても，支持基盤を固めれば当選できる例は，ロッキード選挙における田中角栄元首相の大量得票をはじめ，世論の逆風を受けながらの，いわゆる「みそぎ選挙」など，枚挙にいとまがない。

加えて，中選挙区制の下では，政権政党である自民党が複数候補を擁立しなければならず，同一選挙区内で同一政党の候補同士が戦うため，政党に関する報道が，同一政党内の候補に異なった効果はもたらしにく

く，結果として，同一選挙区内での同一政党の候補者という点でみると，マスメディアの効果が出にくい土壌があった。

　しかし，55年体制の下での，過半数の議席を獲得できる自民党政権対野党という選挙の構図自体に変化が生ずると，マスメディアによる認知の動員もあいまって，大きな変化がもたらされることもある。1989年の参議院議員選挙では，消費税の問題が大きな争点となり，マスメディアによっても政党によっても認知の動員が図られた。他の要因もあったにせよ，自民党は36議席の惨敗に終わり，社会党が反消費税の受け皿となって躍進し，大きな議席変動がもたらされた。その他にも，「新党ブーム」に代表されるように，それまでの選挙の構図を根本から覆すような目新しさがあると，マスメディア報道は，そういった新しい動きを伝えようとするため，有権者が選挙の枠組みを定義しようとする際に，マスメディアが提供した認知の枠組みを利用しがちになると考えられる。

　その意味では，国民的規模の大きな争点が生じたり，選挙制度が従来とは異なったり，新しい政党の枠組みができるなどして，選挙に関する新しい認知の動員が図られる状況の下においては，選挙時に各マスメディアがどのような報道をするかの分析が，日本の政治研究にとってきわめて重要な意味をもってくる。

　そこで，CNEP チームでは，日本における選挙時のマスメディアの報道内容を明らかにすべく，1993年7月に行われた衆議院議員総選挙——同選挙は，政治改革という国民的な争点が生じ，新党が生まれ，長年続いてきて，今後もさらに続くであろうとだれしも考えていた自民党による支配体制を突如崩壊させることになったという歴史的な選挙であった——の際の日本のマスメディアの報道のうち，全国紙とテレビの報道を取り上げ，他国の CNEP チームが行ったものも参考にしながら，内容分析を行った。これによって，有権者の認知に対し，どのような動員が図られたかについて，考察してみたい。

4 日本のマスメディアの選挙報道に対する基本姿勢

　内容分析の結果を示す前に，日本のマスメディアが選挙に際してどのような立場をとっているかを概観しておく必要があろう。

　日本で本格的にマスメディアとして新聞が発達してきた19世紀末には，新聞は党派性を持ち，「オピニオンペーパー」として活動していたが，同じく19世紀末に出現して「不偏不党・公平無私」，「不偏不党・独立自尊」を旗印に掲げた「ニュースペーパー」が力を得るようになり，オピニオンペーパーや，その理念が駆逐されていった。柴山（1997）によれば，その決定的なきっかけとなったのは，1918年の関西新聞社記者大会での寺内内閣の責任追及決議を報道した大阪朝日新聞の「白虹日を貫けり」という文章が，内乱扇動の罪に問われ，新聞紙法違反で起訴された「白虹事件」であるといわれている。そこで朝日は「不偏不党」の編集方針を宣言して世に出直しを誓い，その編集方針が今日まで続いている。そして，この「不偏不党」という立場が日本の多くのマスメディアの基礎になっている。

　さらに，放送法，公職選挙法によって「不偏不党」，「政治的に公平」，「事実を歪めない報道」，「意見が対立している問題については，できるだけ多くの角度から論点を明らかにすること」などが法的に規定されており，各マスメディアはそれを忠実に守っているとしている。

　しかしながら，実際に「不偏不党」，「公平・平等」の原則が貫かれているか否かについては，特に利害関係を持つ人々の間で意見が分かれているのが実状である。例えば投票前に多数のマスメディアが報道する選挙予測調査の結果は人々の判断に影響を与えるから公正な選挙を妨げているという批判が頻繁に行われている。1999年の東京都知事選挙における報道では，告示前に，各立候補予定者に対する投票意向の世論調査結果を詳細な数字とともに報じた全国新聞があり，こういった予測報道を法的に規制すべきであるという声が，再び高まりを見せた。

6章 「認知動員装置」としてのメディア　　147

　一般的には，報道の扱い方は各社の編集方針・判断に属することであって，虚偽や事実を故意に歪曲したものでなければかまわないという法律的判断が定着している。そして，たまたま結果において特定の政党や候補者に利益をもたらしても，事実をありのままに報道しているかぎり違反ではないとされている。マスメディアによる報道が有権者を何らかの形で動員し，選挙結果を左右する可能性があるものの，それは許容されるべきであることが法律的にも認められているわけである。

　マスメディアの報道の影響についての議論は，とくに1993年7月の衆議院議員選挙後に盛んに行われた。さきにも触れたとおり，この選挙は長年続いた「55年体制」という日本の政治の基本的枠組みを変え，自民党の支配を終わらせた選挙であったが，そういった結果に対する動員にマスメディアが大いに寄与したという指摘がある。つまり，自民党の分裂により，新党がいくつも結成され，それらが選挙で既存の政党に勝利をおさめたために新政権が発足したのであるが，マスメディアの報道がそれらの新しい政治勢力に好意的であったことが，そのような選挙結果をもたらしたのだ，というものである。事実，5章でも紹介されているように，テレビ朝日の椿貞良報道局長が，「自分達は意図的にそのような結果をもたらすべく報道した」という発言をしたと報道され，もしそれが事実なら公正な選挙を損なうものであるとして大きな政治問題になった。その発言内容が果たして事実であるのか，それとも単なるパフォーマンスとしての発言に過ぎないのかは不明であるが，その発言に触発されて，多くの人々がマスメディアの報道についてそのような傾向が本当にあったのかどうか関心を持つことになった。

　そこで，この1993年の衆議院議員選挙におけるマスメディアの「動員装置」としての機能を内容分析で明らかにするために，以下の仮説を考えた。第一の仮説は，1993年の衆議院議員選挙時の主要な新聞の報道がいわゆる新党群と既成政党群で異なっていた，という仮説をたて，それが成立するかどうかの検証である。

　第二の仮説は，主要な新聞のあいだに報道の仕方に差異がある，とい

うものである。日本の主要新聞はすべて先述のように「不偏不党」を標榜しているが，多くの人々は，それぞれの新聞が固有のイデオロギー的立場を持っており，それが報道に反映されている，と感じている。そして，A紙は社会主義的・反政府的，B紙は資本主義的・体制的などと直観的に分類される。そのような差が本当にあるのかどうか，それを検証しようというものである。

第三の仮説は，新聞とテレビのスタンスの違いである。活字メディアと映像メディアというメディアの特質の違いが，異なった動員効果を持つ可能性があるのかどうか，その違いから推測することができる。[3]

5 内容分析の結果

（1） 総記事面積と記事数・放送時間と番組数

分析対象となった期間内の記事の，見出しや写真・イラストを含む総面積は，291,786カラムインチあった。記事数は1,770，さらにそれを分析単位に分けると，3,464あった。記事は，単独で記事単位を構成しているものから，66の記事単位に分割されるものまであった。これらを5大新聞別に見ると，日経は経済記事を中心にして構成されているため，政治記事自体は少ないが，記事面積で見ると，かなりのスペースを割いている。全体では，記事数・記事総面積とも，朝日がもっとも多い。

テレビ68番組の分析単位の平均時間は17.93分であるが，選挙期間中における選挙報道番組や討論番組も含まれており，これらは50分以上のものもある。もっとも多かったのは6分〜10分のもので，23本あった。

（2） 記事単位・番組のタイプ

5大新聞別に，ニュース記事，ニュース解説，社説，コラム・意見，政治家に対するインタビュー，有識者に対するインタビュー，一般市民に対するインタビュー，漫画，投書，写真・イラストの有無を見たものが表6-1である。ニュース記事は，どの新聞においても10の項目の中

6章 「認知動員装置」としてのメディア　　　149

表6－1　記事・番組のタイプ（％）

	朝日新聞	毎日新聞	日経新聞	産経新聞	読売新聞	テレビ
ニュース記事	41.3	34.9	45.5	55.9	55.5	69.1
ニュース解説	8.1	20.9	41.2	19.8	25.7	35.3
社説	1.6	0.8	1.5	1.1	1.3	－
コラム・意見	3.6	3.4	3.5	1.1	2.3	16.2
政治家インタビュー	2	1.3	0.5	1.4	2	23.5
有識者インタビュー	3.1	2.2	2	3.2	1.3	23.5
市民インタビュー	0.7	0.4	0	1.3	1	27.9
漫画・イラスト	1.3	0.5	0.3	1.5	2.2	39.7
投書	7.7	4.7	0	9.4	6	13.2
写真	0.4	0	0	0	0.2	23.5
分析単位数	745	765	396	714	686	68

でその比率が総体としてもっとも高いが，特にその比率が高いのは産経と読売である。この両紙では，記事単位の半分以上がニュース記事だが，毎日は3分の1強に過ぎない。日経はニュース解説の比率が非常に高いが，朝日はわずか8.1％に過ぎない。日経は，解説記事に非常に力を入れていることが分かる。日経はその分，投書欄がなく，他の4紙で4.7〜9.4％，それが分析単位に見られるのと対照的である。

　テレビはビジュアルメディアなので，イラスト・写真が多用されている。また，インタビューが番組の柱となっており，政治家・有識者・市民へのインタビューそれぞれが含まれているものが，全番組の2割以上に及んでいる。

（3）　記事・番組の主題

　14種類の主題について，それらが言及されているか否かをチェックした。その結果を5大新聞別に示したのが表6-2である。各新聞によって，どのトピックに重点を置くかがはっきりと異なっている。キャンペーンそのものに重点を置いているのは読売。70.9％の記事単位がキャンペーンをトピックとしている。朝日がわずか36％の記事単位でしかトピ

表 6 − 2　記事・番組の主要なトピック（％）

	朝日新聞	毎日新聞	日経新聞	産経新聞	読売新聞	テレビ
政治制度	43.4	35.2	35.6	40.6	34.3	25
選挙日程・結果	63.1	71.6	89.4	83.3	61.4	26.5
キャンペーン	36	50.5	66.4	60.1	70.9	44.1
候補者	11.1	12.3	11.9	13.5	6	13.2
外交政策	5.5	2.9	3	8.1	2	13.2
防衛政策	5.8	5.1	2.8	8.8	1.5	7.4
財政問題	3	0.3	5.1	3.4	1.8	14.7
経済・雇用問題	5.5	3.5	6.1	5.6	2.8	2.9
環境問題	3	1.1	0.8	4.8	0.7	5.9
社会政策	2	1.4	1	1.7	1.9	1.5
社会資本	0.3	0.3	0.8	0.3	0.6	4.4
法律問題	0	0	0	0	0	8.8
教育・科学技術	0.7	0.1	0.5	0.6	0.3	0
その他	2.6	0.7	1	2.8	0.4	2.9
分析単位数	745	765	396	714	686	68

ックとして扱っていないのに比べると，倍近い差がある。日経，産経は，選挙の予定や記録として取り扱っている比率が高い。日経では，実に90％近くの記事単位が選挙の予定や記録をトピックとして含んでいる。読売，朝日は相対的にこの比率が低い。

　93年の総選挙では，政治改革が大きな焦点となった。政治改革法案をまとめることができずに，内閣不信任案が可決され，解散後に新生党・新党さきがけの新党グループが自民党から分かれる形ででき，総選挙が行われる結果となったからである。この政治改革を含む政治制度をトピックとして取り上げている比率がもっとも高いのが朝日新聞である。反面，景気後退局面の中で，経済・労働問題をトピックとしてとりあげている比率は 5 紙ともに低い。発行部数で一，二位の読売と朝日を比較すると，朝日は政治改革などの政治制度を熱心に取り上げ，読売はキャンペーンそのものを非常に熱心に取り上げていたことになる。

　92年の参院選では自衛隊の PKO 派遣や国際貢献が争点となったが，

93年はどの新聞も外交政策や防衛政策をトピックとしてさほど取り上げておらず，議題としては下位に追いやられたということができる。その意味では，政策争点を脇に追いやり，政治改革に焦点を当てる働きをしたということができよう。テレビは限られた時間の中で効果的に選挙の要点を紹介する必要があるため，外交政策や財政問題などを新聞よりも多く取り上げている。

（4） 候補者・政党リーダーへの言及

候補者が，その所属する政党単位で言及されているかをチェックする一方，21名の主要人物について言及されているか否かをチェックした。同時に，政府，大学やマスメディアなどの識者，利益団体，一般市民についての言及もチェックした。

　これらの中で，政党の候補者，21名の主要人物のうちの党首級の10名についての言及の有無を5大新聞別にまとめたものが表6‐3である。

　ここで分析の対象となった記事単位は，130ある選挙区それぞれの情勢分析報道を含んでいるため，当然，立候補者の数が多ければ，それを反映してその政党の候補者についての言及の比率は多くなり，新聞ごとにそれに差異が出ることは考えにくい。もっとも多く立候補者を出している自民党候補者に関する言及の比率が各紙とももっとも高く，社会党候補者，共産党候補者に関する言及の比率がこれに次いでいる。

　これら3政党に関しては，比率の差はもっとも大きいもので，社会党についての毎日と日経のそれで，それでも5.7％弱に過ぎない。他の既存野党に至っては，もっと差は少ない。しかし，新生党，日本新党，さきがけの3新党の候補者に対する言及の比率はやや差が見られる。日経は新生党・日本新党・さきがけの候補者の言及率が合計55.6％で，5大紙の中でもっとも高く，朝日新聞がこれに僅差で続いている。しかし，読売と毎日は，日経と朝日に比べれば，新党候補者の言及率がやや低い。

　政党のリーダーについての言及では，全体として新党のリーダーへの

表6－3　メディア別　取り上げた人物（%）

	朝日新聞	毎日新聞	日経新聞	産経新聞	読売新聞	テレビ
自民候補	47.4	47.3	52.3	50.7	49.1	19.1
社会候補	36.5	35.7	41.4	39.2	36.6	14.7
公明候補	15	12.6	14.9	17.1	16.2	8.8
民社候補	9.1	8.5	8.3	9.8	8.9	0
社民連候補	3	2.8	2.3	2.2	2.3	1.5
新生候補	24.6	22.6	25.8	24.2	20.3	10.3
日本新党候補	19.2	17.7	21.8	19.5	18.4	11.8
さきがけ候補	8.5	6.9	8.1	7.3	6.7	5.9
共産候補	34.2	33.3	35.9	36.7	37.5	11.8
宮沢喜一(自民)	7.1	4.8	8.3	7.8	7.3	33.8
山花貞夫(社会)	4.6	2.6	6.1	4.6	2.6	35.3
石田幸四郎(公明)	2.8	1.2	3.5	3.1	1.5	19.1
大内啓伍(民社)	3	1.4	3.8	1.8	1.2	23.5
江田五月(社民連)	1.7	1.3	2	1.8	1.5	20.6
細川護熙(日本新党)	4.3	2.9	6.3	5.6	4.8	35.3
武村正義(さきがけ)	4	3.5	3.8	4.8	3.1	32.4
羽田孜(新生)	5	4.1	5.3	7.8	2.9	33.8
小沢一郎(新生)	2.6	2.8	3	4.3	1.3	5.9
不破哲三(共産)	2	1.2	2	1.5	1.2	17.6
分析単位数	745	765	396	714	686	68

言及の比率が高い。どの新聞も，社会党並みか，それ以上に新党のリーダーに言及している。新聞別に見ると，毎日が他の新聞と比較して特徴的である。毎日新聞は，自民党のリーダー（宮沢喜一）や既存の野党のリーダーの多くについて，他の新聞と比較して言及率が低い。新党のリーダーへの言及を見ると，読売で2人の新生党リーダーに関する言及率が低い。反面，産経はこの2人のリーダーにそれぞれ7.8%，4.3%の記事単位が言及している。

　テレビは，明らかに各候補者よりも党リーダーに報道の重点が置かれている。新聞での予測報道の比率が高いことで，テレビでのリーダーの報道の比重が新聞と比較すると相対的に高くなる面もあるが，テレビで

はリーダー同士の討論やリーダーの動きはビジュアルにも使いやすい。特に，3新党のリーダーは，自民党や社会党のリーダーと同格に取り上げられている。結果的に，新党の存在，特に新党のリーダーの存在が，テレビによって強調されたことになる。

（5）　記事・番組から受ける印象

ここでは，評定者が各分析単位について，自民党，既存野党，新党それぞれに「有利」・「不利」に働くと考えられる記述があるか否かをチェックした。いわば，政党への評価について，記事・番組から受ける印象をチェックしたものであるといえよう。それらの中で，それぞれに「有利」な記述のみが出現し，他に「有利」な記述を含んでいないもの，それぞれに「不利」な記述のみが出現し，他に「不利」な記述を含んでいないものをまとめたものが表6－4である。第一にあげられる特徴は，自民党，既存野党に関しては，それぞれに「有利」な記述，「不利」な記述が半々から1対3程度の割合で出現しているのに対し，新党に対する記述では，新党に「不利」な記述がほとんど出現していないということである。これは，読者に対して，少なくとも新党に不利なイメージを抱かせない効果を持つだろう。

第二には，新聞によるスタンスの違いである。読売は，他紙と比較して，自民党に対して「有利」な記述の出現率がもっとも高い一方で，自

表6－4　記事・番組から受ける印象

	朝日新聞	毎日新聞	日経新聞	産経新聞	読売新聞	テレビ
自民党に「有利」	15.8	16.9	20.2	15.4	22.3	1.5
自民党に「不利」	12.1	9.2	11.6	9.4	8	2.9
既存野党に「有利」	5.2	5	5.8	5	8.6	0
既存野党に「不利」	7.3	6.8	15.9	8.4	4.1	8.8
新党に「有利」	12.6	13.9	15.4	14.2	14.9	7.4
新党に「不利」	2.8	3.3	3.8	2.9	0.9	0
分析単位数	745	765	396	714	686	68

民党に対して「不利」な記述の出現率がもっとも低い。日経は，自民党に対して「有利」な記述の比率が多い一方で，野党に対して「不利」，新党に対して「不利」な記述の比率も多い。

しかし，総じて見ると，新聞によって違いはあるものの，「有利」な記述と「不利」な記述の比率から，相対的に新党に対して，好意的に評価するような認知の枠組みが提供されていたことは明らかであろう。

テレビは，新聞と比較すると出現率が低い。テレビでは新聞以上に法律で不偏不党が求められていることもあるが，その中でも野党に「不利」，新党に「有利」な記述の出現率が高い。ここでも，少なくとも新党に対しては好意的なイメージを抱かせる効果を持ったということがいえよう。

6．考察

今回の分析により，三つの仮説がどのような形で検証されたかを総合的に考察してみたい。第一に，新党に対する記述である。候補者レベルでは，立候補者数に応じた言及だが，政党のリーダーのレベルでは新党のリーダーを取り上げている比率が相対的に高い。また，新党に対しては「不利」な印象の記述が相対的に少ない。新党は「新しい存在」であるがゆえに，特にそれを代表するリーダーは関心を惹きやすく，しかも「新しい存在」であるがゆえに，批判すべき点を見いだすのも難しい。新聞は，細部では公平を期していたものの，全体では新しい勢力を好意的に迎える報道をする結果になっていたのである。

第二は，新聞のスタンスの違いである。ある特定の新聞だけが突出して新党に有利な報道をしたということはこの結果からは言えない。しかし，各紙の傾向を比較してみると，一般的に言われているような保守的―革新的の傾向の相違が反映されている。また，その他の面でも，政治改革という，国民的な争点となった枠組みへの認知動員の機能をより積極的に果たしたと考えられる新聞と，どちらかというと選挙キャンペー

ンに力を入れて報道した新聞など，認知動員の方向にもややスタンスの
違いが表れている。

　第三は，新聞報道とテレビ報道との違いである。テレビが絵になりやす
い政党リーダーやキャンペーンのイベントを番組中に多く取り入れ，
とりわけ新党のリーダーを重視して報道したことで，結果的に新党ブー
ムを増幅する効果を持った可能性は大きい。

　また，世論調査の結果もテレビは重視しているが，世論調査ではいず
れも新党躍進の結果がでており，先の新党リーダー報道と合わせ，いわ
ゆる「新党現象」を新聞よりも先鋭化した形で報道していたと思われ
る。

　マスメディアは，客観報道に徹するというスタンスを意図的に崩した
わけではないが，「新党出現」という現象，そしてその原因となった
「政治改革」に報道を集中させ，結果的にはこういった認知動員の方向
が，特定の政治的態度の形成に寄与し，有権者や，その所属するソーシ
ャル・ネットワークを動員した可能性が考えられる。その意味では，特
定の政党に肩入れするという次元でなくても，1993年の衆議院議員選挙
に関するマスメディアの報道は，新党ブームの動員装置の一翼を担った
可能性を否定することはできない。

7．日本における政治広告の登場と制度的変化

　一方，報道だけでなく，政治広告も選挙の際の重要な争点形成力を持
ち，認知の動員装置として機能する時代が訪れようとしている（川上和
久，1998）。アメリカではメディア・ポリティクスが定着しており，「報
道」と「広告」は，選挙の際のメディア環境の両輪となっている。選挙
期間中のテレビ広告それ自体は，1989年の参議院議員選挙の際にも登場
している。この時は，社会党・自民党・共産党がテレビ広告を出稿して
いるが，土井たか子党首を前面に出した社会党が，消費税に対する国民
の怒りを代弁するかのような「激サイティング社会党」のキャッチフレ

ーズで話題になっただけで，自民党や共産党のテレビ CM は，ほとんど目立たなかった。その後，1990年の第39回衆議院議員選挙でも政治広告は用いられたが，自民党の長期政権の下で，89年の参議院選挙の時よりも，むしろ争点が後退し，イメージばかりが目立つ広告であった。

　本章でメディア報道を分析の対象とした1993年の衆議院議員選挙は，解散自体が流動的状況の下で行われ，しかも新党である「新生党」「新党さきがけ」の結成が，選挙間際だったということもあり，政治広告は，必ずしも注目を集めなかった。

　政治広告が目立ち始めたのは，1995年の参議院議員選挙の時である。自民党に代わる政権担当能力を持った政党を目指して前年の12月に新進党が結党された。新進党は，旧新生党，旧日本新党，旧公明党，旧民社党などの国会議員が大同団結して結成した政党であるが，政策的にはあくまで保守から中道に至る政策の寄せ集めであり，自民党との政策的な相違が分かりにくいという点が，その結成当時から指摘されていた。

　政策的な大枠が似通っている政党が二大勢力として，その両者が自らの存在意義をアピールしようとするとき，政治広告はその有力な手段となり得ると考えられ，二大政党制への転換を意識した選挙キャンペーンが展開された。テレビ CM は，予算の関係もあってまだ控えめではあったが，比較的安価なラジオ CM は多用され，自民党はクイズ形式で自らの政策の正しさを強調し，新進党はラップ調のメロディで党名告知を図り，共産党のラジオ CM と合わせて，少なくともラジオのレベルでは選挙期間中の政党によるスポット CM 出稿が増加した。社会党も，出稿料がかからないタブロイド夕刊紙などで，記事体広告を出稿し，広告によるイメージ戦略が本格化していく兆しを見せた。

　一方で，政治広告をはじめとするメディア戦略を根本的に変えるような制度面における重要な変更がいくつか行われた。1993年の衆議院議員選挙の結果成立した細川連立内閣は，政治改革を最重要課題として，新しい政治改革関連法を翌94年に成立させ，同年12月にこれらは改正施行された。小選挙区比例代表並立制となり，従来の衆院選挙における制度

6章　「認知動員装置」としてのメディア　　　157

とさまざまな点で相違が見られるようになったが，とりわけ選挙キャンペーンのあり方に大きな改変を迫る制度的変更がいくつかなされた。

　選挙運動の主体として，候補者個人よりも，むしろ政党が前面に出るような改変，小選挙区選挙における政見放送の変更などである。このような党営選挙への強力な誘導は，政党の政治広告についても，その価値を見直す契機になった。政党に対しては政党助成法による公費助成もあり，政党が政治広告に対して予算投入することが可能になった。もともと公職選挙法では，政見放送を除き，テレビを利用することはできないと規定していたのが，「選挙運動が目的でない，日常の政治活動としての政党広告（TVスポット，新聞広告）は，選挙運動期間に関係なく，政党の私費で自由に出稿できる」と，通常の政治活動の範囲では選挙期間中でもテレビCMが可能と自治省が判断したことで，これも政党広告を集中する方向への誘導を果たすことになったのである。

　こういった，政策的に似通った二大政党の出現，メディア戦略の強化を促進するような制度的改変があいまって，日本では従来あまり顧みられていなかったメディア戦略が，選挙キャンペーンにおける重要な要因になり得る条件が整ったといえる。そして，その予想通り，1996年の衆議院議員選挙では，政権の奪取をめぐり，前年の参議院議員選挙とは比較にならない規模で政治広告が展開され，新しい公職選挙法の下で試みられた政見放送などのさまざまな新しい情報とともに，従来とは違う「メディア・ポリティクス」の状況を呈したといえる。

　1993年総選挙の分類に多少修正を加えて，1996年総選挙の告示期間における新聞記事やテレビ報道で扱ったトピック（単に言葉として出てくるのではなくトピックとして実質的に扱われているもの）を18項目に分類し，5大新聞と夕刊・スポーツ新聞，テレビ別にまとめたものが表6-5である。この選挙では，小選挙区比例代表制への移行があり，政治制度や選挙日程などについての記事の比率が一般紙やテレビでは相対的に高くなってはいるが，政治広告・政見放送に関しても，政見放送の予定に対するコラム的な記事を含んでいるものの，今回政治広告が実質

的に初めて本格的に登場したにもかかわらず，最も多い日経で10.6％の記事が政治広告・政見放送の話題を含んでおり，争点であった行財政改革や，議席予測，無党派問題に次いで，今回の選挙報道の柱になっていたといえる。特にテレビでは，14.3％と，かなりの割合で政治広告や政見放送をトピックとして扱っている。

政治広告・政見放送についての新聞記事の大きさで見ても，1ページもしくはそれ以上にわたる記事が2本，半ページから1ページ未満の記事が9本，4分の1ページから半ページにわたる記事が23本あり，政治広告や政見放送が変わったこと自体を記事にしたり，自民党と新進党の

表6－5　記事・番組の主要なトピック：1996年（％）

	朝日新聞	毎日新聞	日経新聞	産経新聞	読売新聞	テレビ	夕　刊スポーツ紙
政治制度	39.1	55.3	54.9	56.5	46.8	58.2	36.7
選挙日程・結果	91.6	91.8	85	92.8	82.5	67	99.3
キャンペーン	42.7	28.4	31	28	46.3	81.3	70.8
候補者	25.8	20.3	33.6	37.7	42	26.4	59.7
外交政策	3.6	5.1	3.5	4.4	4.3	4.4	1.3
防衛政策	9.3	7.6	4.4	3.9	4.3	9.9	1.6
財政問題	18.7	21.3	13.3	16.4	19.1	61.5	16.7
経済・雇用問題	8.9	9.1	5.3	4.4	6.4	14.3	2
環境問題	2.2	0.5	0	1	1.1	0	0
社会政策	15.1	13.7	1.8	3.9	10.6	23.1	7.9
社会資本	6.7	4.1	2.7	1	1.1	5.5	2
法律問題	0.4	0	0	0	3.7	2.2	0.3
教育・科学技術	3.1	1	0	1.9	1.1	1.1	0.7
その他	8	3.1	1.8	5.3	4.3	7.7	4.6
行財政改革	19.6	25.4	15.9	16.4	19.2	44	16.7
議席予測	6.7	7.6	9.7	10.6	8.5	16.5	18.7
政治広告・政見放送	7.6	8.6	10.6	2.9	3.2	14.3	8.9
無党派・低投票・低関心	12.4	14.7	8	11.1	11.7	29.7	11.2
記事・番組数	225	197	113	207	188	91	305

6章　「認知動員装置」としてのメディア　　159

ネガテティブ広告合戦を報道する記事などに大きなスペースを割く記事
が目立った。これだけ大きなスペースを報道に割いたという意味では，
報道自体も広告認知に寄与したといえる。

　主要3党の候補者と党首について，記事や番組中で取り上げた比率を
見ても（表6-6），議席予測報道の影響などもあり，候補者はほぼ立候
補者に応じて報道がなされているが，夕刊・スポーツ紙では，自民候補
と新進候補を民主候補よりも格段に多く取り上げており，夕刊・スポー
ツ紙については，政治広告についての記事を大きく取り上げていること
も含め，政治広告での告発などの例に見られるように，「自民・新進対
決」の構図を作りだし，より鮮明にしていたことが分かる。

　党首についても，多少の濃淡はあるが，夕刊・スポーツ紙が，橋本龍
太郎・小沢一郎の自民・新進党首をより多く取り上げている傾向が表れ
ている。このように，メディア報道自体も，政治広告や政見放送を話題
とし，その中心となった自民党と新進党の党首を，より際だたせること
となった。その意味では，政治広告・政見放送とメディア報道が，一方
で相互補完作用を果たしながら，一方ではメディア報道が政治広告のメ
ッセージをより補強する形で情報提供し，消費税の問題をその典型とし
て，認知動員が相乗効果を発揮したと考えることができよう。

表6-6　メディア別　取り上げた人物：1996年（%）

	朝日新聞	毎日新聞	日経新聞	産経新聞	読売新聞	テレビ	夕　刊スポーツ紙
自民候補	58.2	43.2	50.4	63.3	52.7	6.6	57.4
新進候補	48.9	37.6	36.3	56.5	37.8	6.6	57.1
民主候補	48.9	34	30.1	56	37.2	5.5	36.1
橋本龍太郎（自民）	19.6	14.2	15	15.4	18.1	3.3	23.6
小沢一郎（新進）	17.3	13.7	10.6	15	16.5	4.4	22.6
菅直人（民主）	16.9	13.2	7.1	11.1	10.1	2.2	17.1
鳩山由紀夫（民主）	17.3	11.7	12.4	13.5	15.4	3.3	16.7
記事・番組数	225	197	113	207	188	91	305

8．メディアの多様化と，「認知の動員装置」としての マスメディアの変化

　報道という形で，政治情報がマスメディアの送り手を中心に発信されるだけではなく，政党がより主体的に広告という形で情報を送出するようになったことで，動員装置としてのメディア環境は様変わりしつつある。さらに，報道と広告という対比の次元だけでなく，政治的な争点に向けて認知を動員し，有権者の情報環境を決定するメディア状況は，それ以上に多様化する方向に進んでいる。

　インターネットをはじめとするネットワークメディア。新聞社のホームページにアクセスすることで，テレビよりも早く，自分の知りたい選挙区の開票状況を把握することが，パソコンユーザーの間では一般化しつつある。政党などのホームページへのアクセスは必ずしも多いとはいえないが，98年の参院選では民主党がサーチエンジン「YAHOO！」や朝日COMなどに政党バナー広告を貼り付け，民主党ホームページへのアクセスが一挙に10倍以上になるなど，ネットワークメディアを用いた政党の選挙戦略も本格化しつつある。

　また，スカイパーフェクTV，ディレクTVなどのデジタル衛星多チャンネル放送では，国会中継など，政治に特化したコンテンツの提供を模索する動きが見られる。ネットワークメディアや専門チャンネルなどが発達することで多様な政治情報が提供され，従来の新聞・テレビの情報環境形成に及ぼす影響力は，いきおい相対化せざるを得なくなる。1993年の総選挙から1998年の参院選に至る政界再編期の選挙は，その意味では，マスメディアの報道が「認知動員装置」として中心的に機能した最後の選挙ということになるかもしれない。

　一方で，マスメディア→ソーシャル・ネットワークという動員の方向が変化していくことも視野に入れなければならない。新しいネットワークメディアやデジタル衛星多チャンネル放送などは，双方向性の特質を

備えており，それ自体がマスメディアの機能を持っていると同時にソーシャルネット・ワークにもなり得る。マスメディアとソーシャル・ネットワークが不可分に結びつきながら，全体的な投票行動に影響していく動きも注視しなければなるまい。マスメディアの動員への影響力自体は相対化しても，「メディア選挙」の方向は，ソーシャル・ネッワークとネットワークメディアの融合などとあいまって，ますます強まっていくと考えられる。

1993年の総選挙に関しては，「政治改革」や「新党」への認知動員の方向付けに，マスメディアの報道が一定の役割を果たした。報道から報道＋広告へ，新聞・テレビからマスメディア＋ネッワークメディアへと，情報源もメディアも多様化の傾向を見せている。こういった状況下で，認知動員の方向性も多様化するベクトルの中で形を表していくと思われる。その方向性を整理した議論の中で，今後の政治参加におけるメディアの認知動員の問題を考えていく必要があろう。

（1）（社）日本新聞協会「日刊紙の都道府県別発行部数と普及度（1996年）」『1998年版全国新聞ガイド』1998年より。

（2）郵政省「通信白書」1999年より。

（3）〈分析対象〉新聞は1993年7月1日〜18日の読売，朝日，毎日，日本経済，産経各朝刊の全国版で，7月18日に投票が行われた衆議院議員選挙に直接言及している記事。（一般的な政治記事で，選挙に言及しているがそれが主題ではない記事は除く。）

テレビは1993年7月11日から17日の一週間のNHK，NTV，TBS，FNN，テレビ朝日の5局で放送された主要なニュース番組，報道番組で，7月18日に投票が行われた衆議院議員選挙に直接言及している部分。

〈分析単位〉新聞のコーディングの分析単位は，記事中の，候補者もしくは政党に関する記述部分。同一記事の中でも，たとえば選挙区ごとの情勢を解説している部分などはそれぞれの記述部分に分割している。記事は1770，候補者または政党に関する記述部分は3464あった。分析はこの3464の記述部分単位で行った。

テレビのコーディングの分析単位は，1番組を1分析単位とした。対象期間内で分析した番組は，68番組あった。

〈コーディング〉 3名のコーダー（大学院学生）が評定したものについて，多数決の原則により，少なくとも2者以上が一致してチェックしたものを採用した。一部のマルチチェックでない項目については，ランダム・アサインメントを行った。

（4）〈分析対象〉新聞：1996年10月1日～15日朝日，毎日，読売，産経，日本経済の各東京版朝夕刊，日刊ゲンダイ，夕刊フジ，報知新聞，日刊スポーツ，スポーツニッポン，サンケイスポーツ，東京中日スポーツの各東京版。

テレビ：NHK，日本テレビ，TBS，フジテレビ，テレビ朝日各局の選挙特集番組，もしくは午後6時以降のニュース番組（ただし，新聞報道・テレビ番組ともに，ビデオ故障等で若干の欠損値がある）

〈カテゴリー・セット〉新聞：総選挙に関する記事で，一つの見出しでくくられた記事。大見出しでくくられた部分は，中見出し，小見出しがあっても，1つの記事とみなした。テレビ：番組中の，総選挙を扱った部分

引用文献

池田謙一1988「投票意図形成過程における諸要因」東京大学新聞研究所編『選挙報道と投票行動』東京大学出版会，239-274.

岩淵美克1986「マスメディアの情報と争点選択」堀江湛・梅村光弘編『投票行動と政治意識』慶應通信，181-195.

川上和久1998「日本におけるメディア・ポリティクス」『日本選挙学会年報選挙研究』13号，木鐸社，100-109.

小林良彰1990「マスメディアと政治意識」『レヴァイアサン』第7号，木鐸社，97-114.

MacComb, M. & Shaw, D. 1972 The Agenda-Setting Function of Mass Media : *Public Opinion Quarterly*, **36**, 176-187.

柴山哲也1997『日本型メディア・システムの崩壊』柏書房

竹下俊郎1990「マスメディアと世論」『レヴァイアサン』第7号，木鐸社，75-96.

電通総研編1998「情報メディア白書1999年版」株式会社電通総研

7章　政党とメディア

──メディア選挙と組織選挙の行方──

飽戸　弘

1.「組織選挙」と「メディア選挙」

近年の日本における各政党の選挙戦略，特にメディア戦略について，考えて見よう。政党の側から，次にメディアと組織の側から，双方から見ていくことにしたい。

まず，さまざまな新党の出現により，日本の政治，選挙は，変わっていくことであろう。とりわけ選挙戦術は，大きく変わっていくことが予想される。従来，アメリカの選挙の特質は「近代型メディア選挙」，そして日本は「伝統的組織選挙」と言われてきた。しかし好むと好まざるとにかかわらず，日本も大勢としてはメディア選挙の方向に進んでいる。日本でも近年，テレビのキャスターニュースは，おもしろおかしく解説しながら，政治を，選挙を，取り上げるようになった。こうした番組は年々増えており，政治報道といえどもいまや単なる客観報道だけではなく，キャスターが個人的意見を表明していくようなワイド番組も増えている。政治に関わる討論番組もずいぶん増えた。

欧米，特にアメリカでは，規制緩和の大きな流れにつれてメディアを政治に開放するためのさまざまな努力が続けられてきた。全米で視聴率50%という大統領候補者による「テレビ討論」，民主，共和両党の，全

国党大会のテレビ中継，そして政党・候補者のテレビコマーシャルなど，テレビはいまや欠くことの出来ない重要なメディアとなった（飽戸 1989，ほか参照）。

しかし日本は伝統的に，テレビをそしてマスメディアを，政治に開放することについてはたいへん禁欲的であった。確かにテレビの政治への開放は，持てるものと持たざるものとの格差を拡大し，政党間の格差も拡大する危険性をもつ。またテレビによるゴシップ本位の低俗報道が増えると，政治のトリビアル化が進んで，政治不信，政治家不信が増大する危険性もある。

しかしその反面，マスメディアとくにテレビが，政治を身近かなものにし，テレビを通して政治に関するさまざまな情報を伝え，政治に関心をもたせるという，いわば政治教育の役割を果たしてきたことも事実である。アメリカでは新聞や雑誌などほとんど政治の記事を読まないような階層の人々がテレビのニュースやテレビコマーシャルを通じて選挙に関心を持ち，各候補者の経歴・資質，政策を知る，そして政治全体に関心を持つようになるということはすでに多くの研究が指摘している。テレビニュースよりテレビコマーシャルで政治に関する情報を得ているという調査報告もある。[1]

いままで政治に関心がなく，投票所にも行かなかった人々が，テレビで政治に関心をもつようになり，政治に参加してくるという例は多い。テレビによるイメージ選挙や，アメリカにおけるシングル・イッシュー・ボート（単一の政策争点だけで投票する人たち）などはその例だ。ハンサムな候補者や演説の上手な候補者が人気を得たり，イデオロギーや，経済政策，外交政策などは良くわからないが，堕胎禁止，ホモの人権擁護，そして銃砲所持禁止などなら理解できる，ということで，今まで選挙とは関係のなかった人たちが選挙に，政治に，参加してくる，などという例も，報告されている。

従って，日本のように政治関心が低くシラケているところでは，テレビをもっと政治に，選挙に，開放することが有効と考えられている。メ

ディア選挙への移行は世界的趨勢といえよう。[(2)]

　一方，都市化，人間関係の希薄化，「豊かな社会」の到来と，階級闘争図式の崩壊などなど，組織の規範の機能は年々低下している。投票意思決定における労組の影響力，農協の影響力なども，低下の一路を辿っている。従って組織選挙は，都会はもちろん農村や地方都市でも，困難になってきつつある。こうして好むと好まざるとにかかわらず，日本でも選挙はアメリカ型の近代的メディア選挙の方向へと進んでいくことであろう。

　さて新党の出現によって，こうしたメディア選挙への動きは一層加速されるものと思われる。なぜなら既成政党は，自民党も社会党も，それぞれ独自の支援団体を持って選挙を戦ってきた。自民党は農協，漁業組合，同業組合，宗教団体，そして候補者個人の後援会を核に，また社会党，民社党，共産党は，労働組合，生協，そして市民運動・住民運動の団体などを核として，候補者の人選から，財政援助，さらに運動員の調達と，選挙戦のすべてはこうした支持団体を中心にして進められてきた。

　CNEP日本調査が行われた1993年総選挙は，40年近く「一党支配」を続けてきた自民党が分裂し，多くの新党が生まれた選挙であった。

　特に日本新党のような新しい政党は，こうした特定の団体との結びつきを持っていない。従ってマスメディアによって直接有権者に訴えることを考えざるを得ない。新生党や新党さきがけも，自民党時代からの組織を受け継いではいるものの，自民党とは違う新しい政党としてのイメージを育てるためにも，やはり組織に依存し過ぎることなく新しい支持者を得るために，マスメディアを大いに活用したいと考えたことだろう。

　こうして，既成政党は組織選挙を，新党はメディア選挙を，それぞれ志向することになろう。事実，1993年選挙の一つの特徴は，こうした新旧諸政党の選挙戦術の違いがはっきり現れた点にあったといえよう。

2．1993年総選挙とメディア報道

　1993年選挙では，選挙の前からテレビ報道がたいへん活発で，特にテレビでは「新党」についての報道が多く，既成政党についての報道が少ない，不公平である，などといった抗議が，自民党などから出されていた。これはテレビが特に新党に味方をした，というよりは，国民の関心が，新しい政党に向けられる以上，どうしても新党に関連したものがニュースになり易く，報道されやすい，ということから，当然起こったことであろう。

　しかし新党の側も，特に日本新党や新党さきがけは，既成政党のような強固な支持母体を持っていないため，意識的にマスメディアを利用して有権者に訴えようとしたことは事実であろう。新生党は自民党から離脱してきた人たちなので，自民党時代の組織を持ちながら，さらに新党としてのイメージを訴えるために，マスメディアをも活用するという，両面作戦を巧妙に用いている。93年選挙がまさにこのように戦われたことが，われわれのCNEP調査よりはっきりと読みとることができる。[表7-1]

　まず，表7-1，A欄は，選挙広報，政見放送で「どの政党の記事，番組を見たか」を尋ねたものである。どちらもたいへんよく似ていて，自民党，社会党のものがもっとも多く，共産，公明，新生党，日本新党などが続いている。ほぼ立候補者数の多い順，当選者数の多い順，といって良かろう。

　ついで，表7-1，B欄は，あなたが一番良く読む新聞，二番目に良く読む新聞，ふだん良くみる5つのテレビのキャスターニュースについて，「どの政党の候補者に好意的だったと思うか」を尋ねた結果である。また，表7-1 C，D欄は，テレビの政治討論や選挙特集などの特別番組で「どの政党の出演者が印象的だったか」を尋ねた結果である。

　今度は新聞もテレビも，とくにテレビで，新党に好意的であったと有

7章 政党とメディア

表7−1 各政党についての情報と報道のバイアス（日本）(ヨコ%)

	自民	社会	公明	共産	民社	民連	新生	日本新	さきがけ	無し	無回答
A-1, 選挙広報	35%	24%	17%	19%	10%	8%	18%	15%	10%	54%	4%
A-2, 政見放送	37	28	17	19	11	9	23	19	12	52	4
B-1, 一番の新聞	16	5	2	1	1	1	9	11	5	47	17
B-2, 二番の新聞 *	4	1	1	1	−	−	3	3	1	17	8
C-1, ** NHK	7	1	1	1	1	0	3	4	1	42	48
C-2, NTV	2	1	0	0	0	0	2	2	2	71	24
C-3, TSB	2	1	1	1	1	1	4	5	3	63	28
C-4, フジテレビ	1	0	0	0	0	0	2	2	1	79	16
C-5, テレビ朝日	3	2	1	1	1	1	8	9	6	14	49
D-1, テレビ特番 ***	34	16	6	7	5	5	35	28	14	22	11

* 2紙読んでいないという65%を除く。
** NHK：NHKニュース7，NTV：今日の出来事，TBS：筑紫哲也のニュース23，
　　フジテレビ：ニュースCOM，テレビ朝日：ニュースステーション
*** 総選挙に関するテレビ特別番組をみたというもの

権者は見ていることに着目されたい。テレビ朝日のニュースステーショ
ンとTBSの筑紫哲也のニュース23で，報道は，日本新党，新党さきが
け，および新生党に好意的であったとするものが，自民党，社会党に対
して好意的であったとするものを，大きく上回っている。

　NHKも含めたテレビ特番でも，自民党，社会党の報道も印象に残っ
てはいるが，しかし新生党，日本新党，新党さきがけの報道の方が，立
候補者数に比し相対的に，印象はかなり強かったことがわかる。新党が
テレビでかなり有利に戦いを進めたことは容易に想像できよう。

　それに対して伝統的組織選挙の代表である「団体からの働きかけ」を
見てみると，候補者後援会や各政党の支援団体などからの働きかけにつ
いては自民党が圧倒的に強く，次いで社会党，共産党，公明党，と続
き，日本新党，新党さきがけは当然ながら団体には弱いことがはっきり
と出ている。前述のように，新生党は自民党時代のマシンが働いている

のであろう，新党なのに団体にも強い，という結果である（表，省略）。

　こうしてこれからの日本の選挙は既成政党は伝統的な組織選挙で，そして新党はマスメディアを活用したアメリカ型のメディア選挙でと，しばらく並立して進んでゆくことであろう。

3．1992年アメリカ大統領選挙とメディア報道

　こうしたメディア状況をアメリカと比較してみると，さらにはっきりと日本の特徴が浮かび上がってくる。アメリカの場合，民主，共和の二大政党のため，政党でなく候補者単位で聞いているが，この時期では各党から候補は1名に絞られているので，候補者＝政党，と考えてよかろう。アメリカの場合，非常にはっきりしていることは，トップを走っているフロントランナーが，新聞でもテレビでもすべてのメディアで有利である，ということだ。「フロントランナー仮説」といわれる。この傾向はわれわれの調査にもはっきりと現われている。［表7‐2］。

　すなわち，トップを走ってるクリントンについては，新聞で33%，テレビでも28%言及されており，2位のブッシュの，新聞10%，テレビ4%に比して，大差である。3位のペローに至っては，ほとんど言及は

表7－2　各政党についての情報と報道のバイアス（アメリカ）(ヨコ%)

	ブッシュ	クリントン	ペロー	バイアスなし	その他 *	無回答	非該当 **
一番よく読む新聞	10%	33%	1%	35%	1%	3%	17%
二番目に読む新聞	5	13	—	14	1	2	66
テレビニュース***	4	28	1	47	2	4	16
実際の投票得票率	29	34	13	—	—	24	—

* 　ブッシュとクリントン，ブッシュとペロー，クリントンとペローなど
** 　一番よく読む新聞なし，二番目に読む新聞なし，テレビニュースみない，という者
*** NBC：トム・ブロカウのナイトリー・ニュース，CBS：ダン・ラザーのイブニング・ニュース，ABC：ピーター・ジェニングのワールド・ニュース，CNN：ケーブル・ニュース・ネットワーク

ゼロに近い。実際の選挙での得票率は，三者，それぞれ，34％，29％，13％，という結果であるのに比べて，マスメディア報道の方が，大きく偏っているということがわかる。

　アメリカで特にメディア報道が問題になるのは，こうした報道のバイアスがあるからである。すなわち選挙戦の早い時期に，フロントランナーと目されると，新聞，テレビの報道が，その候補，その政党に集中し，結果としてボランティアや選挙資金もフロントランナーに集まり，ますますトップと２位の差が開いてゆく，ということがしばしば見られるからだ。各党の選挙陣営が，何とかして我が党がトップを走っているという印象を与えようとするのは，こうした事情による。

　その点日本は前述のごとく，各党の特徴に応じて，例えば新党か既成政党かとか，組織のしっかりした政党かそうでないかといった，それぞれの政党の特徴に見合った形で報道がなされている，ということが出来よう。

　各政党の支援団体，個々の候補者の支持団体からの働きかけは，メディアに比べると，ずっと接近している。各政党，候補者からの電話での依頼は，クリントン陣営とブッシュ陣営で，それほど大差はない。また，一般有権者の間での，クリントン，ブッシュについての話し合いも，両者でかなり接近している。（表，省略）。

　すなわち対人ネットワークとしては，クリントン，ブッシュ，両陣営ともによく頑張っているが，マスメディアがかなりバイアスの多い報道をするため，結果としてフロントランナーに有利に働く可能性が大きい。これがアメリカのメディア報道の特徴といえよう。この年の大統領選には第３党の候補，ペローが立候補しているが，投票では13％と善戦しているのだが，メディアでの報道にはあまり取り上げられていない。やはり二大政党以外からの大統領への挑戦はきわめて困難というアメリカの状況がよく現われている。

4．購読新聞と投票行動

　ではこのような有権者の日頃のメディア接触やメディアバイアスに対する認知が，実際の有権者の投票行動と，どの程度関連しているかを，次にみていこう。

　一般に，朝日新聞，毎日新聞の読者は進歩的またはリベラル，読売新聞，産経新聞の読者は保守的，などと言われているが，実際の投票行動でそのような違いがあるものかどうか，見たものが，表7-3である。

　確かに朝日新聞の読者に，自民党に投票したという者が少なく，社会党，共産党に投票したという者が多い。リベラルな傾向は読み取れる。読売新聞，産経新聞の読者で自民党への投票者が多く，これも保守的というイメージにほぼ対応している。

　しかしその他はあまり明確な特徴は見られない。特に日経新聞は自民党への投票が少なく社会党への投票が多く，この点ではむしろ朝日新聞と似ている。朝日と異なって興味深い点は，日経読者が新進党を好まず日本新党に流れた，という点くらいだろう。産経新聞は逆に，日本新党を好まず新進党を支持しているようだ。なんとなく経営者の新しもの好

表7-3　一番よく読む新聞×投票（日本）(ヨコ%)

	自民	社会	公明	新生	共産	日本新	未定	DK	NA	合計	(N)
朝日	19%	10%	3%	8%	6%	4%	34%	5%	9%	100%	(221)
毎日	27	7	6	7	3	8	28	4	7	100	(99)
読売	31	7	5	7	3	5	30	3	8	100	(267)
産経	34	2	2	9	5	2	16	14	9	100	(44)
日経	14	14	4	4	4	7	39	4	7	100	(28)
ブロック紙	28	11	3	4	4	1	36	3	8	100	(159)
地方紙	33	9	2	8	2	6	26	2	7	100	(312)
合計	28	8	12	7	3	5	30	3	7	100	(1220)

きと，商店主の保守的性格がうかがわれるようだ。地方紙の読者には自民党に投票した者が多い，というのも納得できよう。

5．アメリカにおける新聞報道

一方アメリカではメディアと投票行動との関連は日本とたいへん異なっていることがわかる。これはアメリカにおけるメディアの歴史，文化が日本と非常に違うことに由来する。

まず新聞に関しては，アメリカの新聞は基本的に「ローカル」であり，規模も日本に比べて著しく小さい。ニューヨークタイムズでさえニューヨークのローカル新聞である。発行部数も約80万部と，日本の読売（約1000万部），朝日（約800万部），毎日（約500万部）などと比べて一桁少ない。ワシントンポスト，ボストングローブ，ロサンゼルスタイムズ，サンフランシスコクロニクルなど，一流紙がたくさんあるがいずれもローカル新聞であり，発行部数はさらに少なくなる。

また歴史的に，かっては各地域ごとに，保守系新聞とリベラルな新聞と両方の新聞があった。各紙ははっきりと共和党支持の新聞と，民主党支持の新聞とに別れて，棲み分けていた。すなわち新聞の「党派性」は当たり前のことであった。

しかしここ20年ほどの間に，新聞各社の経営難などのため小さい新聞社が統合・合併され，新聞社の数が減少していき，近年では一地域，一紙，というところが増えてきた。そうなると読者には当然，保守，リベラル，両方のものが混在するため，次第に新聞は以前に比べて「中立」になっていった。

とはいえ日本に比べると，新聞の党派性はいまだに著しい。調査対象者約1000名中，読者が10名以上みられた約90の新聞のうち，主要なもの18紙を選び，夫々の新聞の読者が今回の選挙でどの政党（候補者）に投票したかを見た結果が，表7-4である。

各紙ともなんと5割から7割もの人が，リベラルな新聞の読者はリベ

表7−4 一番よく読む新聞×投票（アメリカ）(ヨコ%)

	(実数)	クリントン	ペロー	ブッシュ	合計
ロサンゼルス・タイムズ	(15)	73%	13%	13%	100%
サンフランシスコ・クロニクル	(19)	53	16	32	100
タラハッシ・デモクラット	(18)	61	17	22	100
ポッツ・トリビューン	(24)	38	13	50	100
グランド・ラビット・プレス	(15)	40	13	47	100
デイリー・ディスパッチ	(15)	47	20	33	100
ニューヨーク・デイリーニューズ	(23)	35	17	48	100
シンシナーティ・エンクアイア	(15)	27	7	67	100
シンシナーティ・ポスト	(20)	70	5	25	100
ペイトリオット	(21)	57	10	33	100
デイリー・ヘラルド	(17)	41	12	47	100
合計	(867)	45	16	39	100

ラルな民主党（クリントン）に，保守系新聞の読者は保守の共和党（ブッシュ）に，投票している。日本と比べて，その党派性がいかに甚大なものであるかが，まず確認できよう。

　従って新聞の記事・論説は明らかに共和党，民主党のどちらかに大きく偏っており，購読新聞と投票政党との関連は極めて高く，その影響は絶大である。しかしその因果の方向は不明である。すなわちもともと保守系の人が保守系新聞を読んでおり，もともとリベラルのものがリベラル系新聞を読んでいるため，新聞と投票の関連はきわめて大きいが，それが新聞の影響であるのか，読者のもともとの志向のためであるのか，その方向性は不明である，ということだ。

6．テレビ番組嗜好と投票行動

　それに対してテレビは日米ともに，ずっとニュートラルである。日本では，日ごろどんな番組を見ているかということと，政党支持，投票行動とはほとんど関連は見られない。アメリカでも，テレビは新聞に比べ

7章　政党とメディア　　　173

表7－5　テレビ番組*と投票（ヨコ％）

	(N)	クリントン	ペロー	ブッシュ	合計
NBC ナイトリー・ニュース	(206)	45%	11%	44%	100%
CBS イブニング・ニュース	(212)	49	14	38	100
ABC ニュース	(209)	37	20	43	100
CNN ニュース	(208)	48	19	33	100
その他のニュース	(28)	57	14	29	100
合計	(863)	45	16	39	100

るとずっとニュートラルである。アメリカでの三大ネットワークの代表的ニュース番組を取り上げ，その視聴状況と投票行動との関連を見たものが，表7-5である。

　テレビ報道はややクリントンに有利に働いたようであるが，しかし新聞に比べるとその差はずっと少ない。これらのテレビ番組を見ていた人たちの総合計（最下行）を見ると，クリントン45％，ブッシュ39％，ペロー16％，という程度の違いである。これは前述の「フロントランナーが有利」という一般的原則が，新聞だけでなくテレビにおいても，程度はずっと少ないがやはり当てはまっていると言うことであろう。個々の番組ごとには顕著な特徴は見られない。

7．新聞のバイアス報道認知と投票

　1993年の総選挙では，前述のごとく，新聞報道においてもテレビ報道においても，かなりのバイアス報道があったと，有権者は認知していた。こうしたメディアの報道におけるバイアスは，有権者の実際の投票行動にどの程度影響を与えていたのであろうか。

　まず新聞の場合から見てみよう。われわれの調査では，「日ごろ一番よく読んでいる新聞」はなにかを聞いているが（表7-3），その新聞が，では「どの政党に好意的な報道をしていたか」を尋ね，その報道についてのバイアスの認知と，各自が実際に投票した政党との関連を見た

174

表7－6　新聞のバイアス報道認知*と投票政党 (ヨコ%)

	自民	社会	公明	新生	共産	さきがけ	日本新	未定	DKN	NA	合計
自民に好意的	45%	6%	4%	8%	3%	1%	3%	19%	2%	5%	100%
社会に好意的	15	34	3	8	3	3	8	20	2	3	100
新生に好意的	20	7	6	18	2	5	3	26	3	8	100
さきがけに好意的	15	9	3	12	3	7	5	34	2	7	100
合計	28	8	5	7	3	1	5	29	3	7	100

* Q. 新聞報道はどの党に好意的でしたか？

ものが，表7-6である。

　やや複雑な表であるが，要するに自分がいまどの新聞を主に読んでいるかにかかわらず，自分が日頃読んでいる新聞が「自民党に好意的な報道をしていた」と感じたものは，自民党に投票したものが多く（45%もの人が，自民党に投票している），社会党（6％）や新生党（8％）に投票した者は少ない。そして，日頃読んでいる新聞が「社会党に好意的な報道をしていた」と感じているものは，社会党に投票した者が多く（34%が，社会党に投票している），自民党（15%）や新生党（8％），日本新党（8％）に投票した者は少ない，という結果であった。明らかに，自民党に好意的な報道に接していた者は自民党に投票し易く，社会党に好意的な報道に接していた者は社会党に投票し易いなど，はっきりと読み取れる。

　新生党，日本新党についても同様で，日頃の新聞が「新生党に好意的だった」と感じた者は，新生党により多く投票し（全体で新生党は7％なのに，この人たちでは18%），「さきがけに好意的だった」と感じた者は，さきがけにより多く投票した（全体でさきがけは1％なのに，この人たちでは7%）。すなわち，好意的報道に接していた者はその政党に投票し易いということが分かる。バイアス報道の認知が投票に及ぼす効果は甚大であったということだ。

　もちろんはじめから自民党に好意的だった者が，新聞報道も自民党に

7章　政党とメディア　　175

好意的報道であったと感じ，同様にもともと社会党に好意的だった者
が，新聞報道でも社会党に好意的報道であったと感じる，という傾向は
十分予想される。因果の方向は不明である。しかしそれにしても，新聞
が好意的に報道したと感じている者はその政党に投票する，という正の
相関が，これだけはっきり見られるということは，バイアス報道が実際
に大きな影響を与えている可能性を示唆する重要な指標であろう。今後
に残された興味深い課題である。

8．テレビのバイアス報道認知と投票

　ところで新聞についてはかなりバイアス報道がみられたと有権者には
認知されており，そうした報道の認知が実際の投票行動と密接な関連が
あったことが示唆されたわけであるが，同様に，ではテレビのバイアス
報道と投票との関連はどうかという点について見たのが，表7-7であ
る。
　購読新聞は，すべての政党への投票と関連していたが，日頃のテレビ
番組視聴は，それほど投票との関連はみられない。NHKの「ニュース
7」を日頃見ているかどうかはほとんどすべての政党への投票と関連が
ない。
　日頃「ニュース・ステーション」を見ている人たちは，自民党，新生
党，さきがけへ投票する者が多く，相関がみられるが，社会党，日本新

表7-7　メディアと投票の関連（有意水準）

	自民党 有意水準	社会党 有意水準	新生党 有意水準	さきがけ 有意水準	日本新党 有意水準
購読新聞と投票	*** 000	*** 000	*** 000	* 016	*** 000
NHKニュース7と投票	n.s. 631	n.s. 365	*** 001	n.s. 074	* 014
ニュースステーションと投票	** 002	n.s. 874	** 006	** 006	n.s. 262
テレビ討論と投票	*** 000	*** 000	*** 000	** 002	*** 000

*** 0.1%で有意　** 1%で有意　* 5%で有意　n.s. (not significant) 有意でない

党への投票とは関連は見られなかった。具体的にニュースステーションの番組が自民党に好意的であったと感じている者は，自民党に5割（全体の28％と比べて大差）も投票している。社会党に好意的と思った者は，社会党に13％（全体では8％）投票している。新生党も，日本新党，さきがけも，いずれもそれぞれに好意的な報道であったと考えている者は，有権者全体平均より，倍以上の確率で投票している。すなわちバイアス報道の認知が投票に影響を与えていることがわかる［表7-8］。

　NHKのニュース7は結構バイアスがあったと認知されているのに，投票にまでは影響を及ぼしていなかった。興味深いのは「テレビ討論」で，テレビ討論を普段見ているかどうかはすべての政党への投票と大いに関連が見られた（1％水準で有意な関連がみられた）。

9．テレビ討論の効果——日米比較

　アメリカにおいては新聞報道はバイアスがあることは当然であるため（前述），データは割愛したが（表7-4参照），テレビのニュース報道においても，若干のバイアスがあることは明らかになった。しかしその投票への影響は，それほど大きくないという結果であった。

表7-8　ニュースステーションの報道バイアス認知*と投票政党（ヨコ％）

	(N)	自民	社会	公明	新生	共産	さきがけ	日本新	見ない	DK	NA	合計
自民に好意的	(38)	50%	3%	16%	3%	3%	3%	—	13%	5%	—	100%
社会に好意的	(31)	26	13	7	—	—	3	7%	36	3	7%	100
新生に好意的	(103)	20	3	5	16	4	3	7	29	2	8	100
さきがけに好意的	(72)	13	4	4	10	4	4	10	33	4	10	100
日本新に好意的	(116)	21	6	5	8	5	1	8	33	3	7	100
合計	(1220)	28	8	5	7	3	1	5	30	3	7	100

*Q．ニュースステーションはどの党に好意的でしたか？

7章 政党とメディア

表7-9 テレビ討論の印象*と投票 (ヨコ％)

	(N)	クリントンに投票	ペローに投票	ブッシュに投票	合計
ブッシュに好意的	(136)	3%	6%	91%	100%
クリントンに好意的	(487)	69	7	23	100
ペローに好意的	(259)	24	41	35	100
合計	(919)	45	17	38	100

＊Q. テレビ討論でもっとも印象の良かった候補は？

　しかし「テレビ討論」のインパクトについては，日本同様，アメリカでもかなり投票に影響があったようであることが，表7-9より明らかになっている。

　アメリカでは日本と質問の仕方が異なっており，「テレビ討論でブッシュ，クリントン，ペローのうち，誰が勝ったと思うか」と聞いている。そこで，はっきりと「テレビ討論で勝った」（と有権者に認知された）者が，明らかに得票に結びついていることがわかる。ブッシュが勝ったと思った者の91％がブッシュに投票しており，クリントンが勝ったと思った者の69％がクリントンに投票している。ペローでも，ペローが勝ったと思った人では，41％もの人が，ペローに投票している。

　日本は政党単位で聞いているのでアメリカほど明確な関連は見られないが，それにしても日本でも，テレビ討論で自民党の候補が"よくやった"と答えた者のうち48％（全体では自民党に投票した者は30％）が自民党に投票している。同様に社会党がよくやったという者では20％が社会党に（全体で社会党に投票した者は8％），新生党がよくやったという者では17％が新生党に（全体では8％），日本新党がよくやったという者では10％が日本新党に（全体では5％）が，それぞれ投票している。日本でも明らかにテレビ討論で「よくやった」と思われるとそれが投票に結びつく可能性がある，という結果だ（表，省略）。

　もちろんここでも，もともと自民党支持の者が自民党がよくやったと思いやすく，社会党支持の者は社会党がよくやったと思いやすい，とい

う認知のくせはありうるが，それにしてもある政党がテレビ討論で「よくやった」と感じた者は，有権者全体平均からみて，約2倍の得票を確保しているという事実は重要だ。いろいろな要因が関連していようが，とにかくテレビ討論が，投票結果に重要な役割を果たしていることは確認できる。しかもこの点では日米であまり違いがないという点は注目される。

10. メディアとその機能の日米比較

こうして，新聞，テレビ，ともに，日米でその発展の歴史，メディア文化の違いなどにより性格を異にしていること，そしてその投票行動へのインパクトもたいへん異なるという点は重要だ。またこれだけ性格の違うメディアでありながら，例えばテレビ討論のインパクトのように，日米でかなり共通している点が見出されているところにも注目したい。

今後日本では，一方で組織選挙の崩壊，弱体化，他方では，メディアの規制緩和，メディアの政治への開放などが予想され，アメリカ型メディア選挙に近づいてゆくことはごく自然の成り行きと思われる。そのような展望から，アメリカでのメディア選挙の実態を検討し，日本の将来について考えることは，学問的にも重要な課題であるとともに，今日の日本の政治状況，特に政治離れ，政治への信頼の低下という状況の下で，国民に政治への関心を持ってもらい，さらには政治への信頼を回復するために，メディアの果たすべき役割は大きい。今日の日本にとって，もっと大胆に，メディアを政治に開放することが，必要であり，有効であろう。

さらに今日の日本の政治状況ではまだまだ政党の再編成が続く可能性が大きい。そうなると前述のごとく，新しい政党は既成政党に比べて組織の力が弱いのでよりメディアに頼る，ということになる。こうしてますますメディア選挙は推進されてゆくことであろう。

メディアと政治という課題は，対人ネットワークとともに，今後ます

ます重要性を増す緊急の課題である。本稿がそうした研究への関心，意欲を促進する機会を与えることができれば幸甚である。

（1）　飽戸1989ほか参照。
（2）　飽戸1980ほか参照。

引用文献
飽戸弘.1989『メディア政治時代の選挙』筑摩書房。
飽戸弘.1980『アメリカの政治風土』筑摩書房。
飽戸弘.1994「日本における政界再編と有権者の意識――1993年"総選挙"の分析」『選挙研究』9，16-26。
Akuto H. 1994A Party Realignment and Voters' Awareness in Japan ―― Analysis of 1993 General Election―― (Mimeo), Prepared for delivery for CNEP Panel at the 1994 Annual Meeting of the American Political Science Association, The New York Hilton, September 1-4.
Akuto, H. 1994B Impact of Mass Media and Personal Network on Voting Behavior in Japan――From National Study on 1993 General Election―― (Mimeo), Prepared for delivery for JAPAN Panel at the 1994 Annual Meeting of the American Political Science Association, The New York Hilton, September 1-4.

あとがき

　ようやく CNEP 日本チームの報告書が刊行されることになり，感無量である。1987年7月，サンフランシスコは抜けるような青空のもと，第10回国際政治心理学会（ISPP, International Society of Political Psychology）が開かれた。CNEP はこの期間の昼休みに，粗末な昼食をともにしながら第1回の会合を持ちスタートした。著書や論文でずっと親しんでいた Max Kaase, Hans-Dieter Klingemann, Russell Dalton, Robert Huckfeldt といった面々が，そこにいる。それだけで小生には感激であった。

　帰国後早速，理論武装に取り掛かる。まず小生の大学院のゼミ（東京大学大学院社会科学研究科，社会心理学専修ゼミ）で，CNEP 関連の著書，論文を取り上げ，検討をはじめる。CNEP 日本チームのメンバーは，永年の同僚，鈴木裕久氏を除いて全員が，当時大学院飽戸ゼミの俊秀である。池田謙一，御堂岡潔，山田一成，稲葉哲郎の諸君は，大学院終了後，新聞研究所，文学部社会心理学科の助手となったが，大学院終了後も CNEP にはずっと参加してくれた。

　1987年から1990年までは，筆者が日本チームの代表として企画会議に参加した。筆者は国内世論調査費の調達にはほぼ自信があったが，困ったのは企画会議に参加する旅費であった。当時国立大学には海外出張旅費という研究費目がなく，アメリカ，ヨーロッパで行われる企画会議に参加する旅費が，なかなか工面できない。アメリカチーム，ドイツチームのメンバーが，それぞれの大学の予算などで小生を招待してくれたおかげで，全7回の企画会議にすべて出席することができた。このような欧米の進んだ研究制度と，面倒な支援を続けてくれた友人たちの友情に，まず感謝したい。

　1990年夏の企画会議で，一番バッター，ドイツチームで，膨大な研究

調査の予算が確保できた旨の報告があり，そしてついに3年がかりのド
イツ調査用の調査票が確定した。メンバー一同，胸をなでおろした。後
はそれぞれの国で研究費を確保し，調査票の微調整をして調査を実施す
るだけだ。これからはそれぞれの国の責任だ。こうしてCNEP日本チ
ームの全メンバーが決定，結成された。そして若い皆さんが中心となっ
て，1992年の徳島調査，千葉調査の2つのパイロット調査を経て，いよ
いよ本調査としては，1993年の総選挙の機会に，全国調査を実施するこ
とになった。これらの日本調査の企画，サンプリング，調査実施，そし
て集計・分析は，すべて日本チーム全員で担当した（メンバーの全員の
氏名については，序章参照）。

　数年間に亘ってほぼ毎月1回，調査の直前，直後は，ほとんど毎週，
東京大学新聞研究所の会議室に集まり，5時頃から，9時，10時くらい
まで研究会，研究会終了後は本郷三丁目界隈の安いパブレストランで，
軽く一献（時には痛飲も），だいたい終電車で家路に就いた。今日では，
みな売れっ子になり，1年に1度集まるのも大変だ。古きよき時代の懐
かしい想い出だ。

　翌1994年春，筆者が代表で日本調査の速報をまとめさせていただいた
（飽戸，1994）。1994年夏の，アメリカ政治学会（APSA，American
Political Science Association）には，日本チームが全員参加して
〈CNEPパネル〉で3つのペーパーが報告され，活発な討論が行われ
た。Akuto（1994a），Suzuki & Kawakami（1994），Ikeda, Midooka,
Yamada, & Inaba（1994）が，その時提出された論文である。この
1994年のAPSAでは〈日本政治パネル〉も同時に行われ，CNEPのメ
ンバーはそちらにも出席し，討論に参加することができた。Akuto
（1994b）はそちらのパネルで報告されたものである。

　続いて1994年12月には，懸案の〈CNEP Tokyo Symposium〉が実現
できた。新装なったばかりの東京大学山上会館で，アメリカ，イギリ
ス，ドイツ，スペインのCNEPメンバー，5名を日本に招待して，3
日間，シンポジウムが開催された。日本チームは全員，外国勢も全員が

ペーパーを提出，日本在住の外国人政治学者，日本人政治学者らも多数
参加し，活発な議論が行われた。シンポジウムの報告，討論は，すべて
英語でなされ，その報告書も英文で刊行されている（Akuto, et al.,
1994）。

　徳島調査，千葉調査，そして全国調査は，「平成 4 年度，東京大学教
育研究特別経費」，「平成 5 年度，6 年度，文部省科学研究費（総合研究
A）」，および「鹿島財団研究助成」より援助をいただいた。この APSA
への日本チームの全員参加，そして東京シンポジウムの開催は，「文部
省国際シンポジウム助成」，「放送文化基金」，および「鹿島財団研究助
成」の援助により実現した。記して，感謝したい。こうした経過で
CNEP 日本調査はほぼ完了した。日本チームの報告書がここに刊行さ
れることになり，感無量である。

　CNEP 国際チームの報告書も，2000年夏頃には，刊行の予定である。
CNEP 4 ヵ国の調査が完了する直前に，スペインが参加したため，こ
の報告書は日米英独西の 5 ヵ国比較のレポートとなっている。

　その後 CNEP への参加希望者（国）が続出し，現在，香港，インド
ネシア，イタリー，ギリシャ，ブルガリア，ハンガリー，チリ，ウルグ
アイと，8 ヵ国が加わり，これらは，CNEP II として継続，ほとんど
同じ調査票ですでに調査を完了，または現在調査を実施中である。

　CNEP アメリカ調査のローデータは，「ミシガン大学，ICPSR（The
Inter-university Consortium for Political and Social Research）」に，
また，CNEP ドイツ調査のローデータは，「ケルン大学，ZES（Zentralarchiv
für Empirische Sozialforschung）」に，それぞれ収録され，一般に開
放されている。われわれの CNEP 日本調査も，ローデータをすべて，
近々，「東京大学社会科学研究所附属日本社会研究情報センター（SSJ
データアーカイブ）」に収録し，一般に公開する予定である。

　本書は CNEP 日本チームメンバーの有志による論文集であるが，10
年近い共同研究の仲間で随時相談しながら書き上げたもので，よくある
寄せ集めの論文集とは，自ずと異なるはずである。山田一成氏が編集幹

事を，木村純氏が編集幹事助手を，それぞれ担当してくれて，本書の企
画から，原稿集め，そして論文内容の調整，スタイルの統一まで，実に
念入りに編集作業を進めてくれた。記して感謝したい。また本書の出版
を快諾し，企画から編集作業までご尽力いただいた，木鐸社編集部，坂
口節子氏にも，感謝したい。本書が，まさにこの激動期の日本政治を捉
えた記念碑として，多くの研究者のみなさんにご活用いただければ幸甚
である。

2000年春

飽戸 弘

引用文献

飽戸弘.1994「日本における政界再編と有権者の意識—1993年"総選挙"の
分析」『選挙研究』9, 16-26.

Akuto, H. et al. 1994 Tokyo Symposium on Cross-National Election
Project.

飽戸弘編 1995『コミュニテイの社会構造とソーシャルネットワークが投
票行動に及ぼす影響』

Akuto, H. 1994a Political Realignment and the Voter's Awareness in
Japan (1) : Analysis of 1993 General Election, Paper prepared for
delivery at the 1994 Annual Meeting of the APSA (Mimeo).

Akuto, H. 1994b Impact of Mass Media and Personal Network on
Voting Behavior in Japan (1) : From National Study on 1993 General
Election, Paper prepared at the 1994 Annual Meeting of the APSA
(Mimeo).

Ikeda, K., Midooka, K., Yamada, K., & Inaba, T. 1994 Political Realign-
ment and the Voter's Awareness in Japan (2) : Impact of Mass Media
and Personal Network on Voting Behavior in Japan, Paper present-
ed at the 1994 Annual Meeting of the APSA (Mimeo).

Suzuki, H. & Kawakami, K. 1994 Impact of Mass Media and Personal
Network on Voting Behavior in Japan (2) : Newspaper Content in
the 1993 Japan General Election Campaign, Paper prepared for
delivery at the 1994 Annual Meeting of the APSA (Mimeo).

CNEP 調査の概要

〈全国調査〉
名　　称：選挙と報道に関する世論調査
実 施 者：CNEP 日本チーム（飽戸弘、鈴木裕久、池田謙一、御堂岡潔、川上和久、中村雅子、山田一成、稲葉哲郎、木村純）
日　　時：1993年 7 月15日〜17日（衆議院議員選挙の投票日は 7 月18日。投票日直前の 3 日間に調査実施。）
対　　象：割当法により抽出された全国の20歳以上の成人男女個人（全国で200地点を選び、各地点につき10人程度に調査を実施した。）
方　　法：個別面接聴取法
有効票数：1333人

〈徳島調査〉
名　　称：選挙とコミュニケーションに関する調査
実 施 者：CNEP 日本チーム（飽戸弘、鈴木裕久、池田謙一、御堂岡潔、川上和久、中村雅子、山田一成、稲葉哲郎、木村純）
日　　時：1993年 2 月14日〜20日（徳島市長選挙の投票日は 2 月21日。投票日直前の 1 週間に調査実施。）
対　　象：無作為抽出された徳島市の20歳以上の成人男女個人800人。対象者の配偶者（456人）にも調査票を配布・回収。
方　　法：個別面接聴取法（調査対象者）／留置調査（配偶者）
有効票数：578人（回収率72.3%）　配偶者票362人（回収率79.4%）

〈千葉調査〉
名　　称：選挙とコミュニケーションに関する調査
実 施 者：CNEP 日本チーム（飽戸弘、鈴木裕久、池田謙一、御堂岡潔、川上和久、中村雅子、山田一成、稲葉哲郎、木村純）
日　　時：1993年 3 月 6 日〜13日（千葉県知事選挙の投票日は 3 月14日。投票日の直前の 1 週間に調査実施。）
対　　象：無作為抽出された千葉県の20歳以上の成人男女個人800人。対象者の配偶者（442人）にも調査票を配布・回収。

方　　法：個別面接聴取法（調査対象者）／留置調査（配偶者）
有効票数：537人（回収率67.1%）　配偶者票320人（回収率72.4%）

〈アメリカ調査〉
名　　称：CROSS‐NATIONAL　ELECTION　STUDIES：UNITED
　　　　　STATES STUDY, 1992
実 施 者：CNEP アメリカチーム（代表：Paul　Beck，Russell　J．Dalton，
　　　　　Robert Huckfeldt）
日　　時：1992年11月〜1993年2月。選挙キャンペーン後（投票日は11月3
　　　　　日）から翌年2月まで実施。
対　　象：無作為抽出されたアメリカの有権者1318人
方　　法：コンピュータ支援の電話調査法
有効票数：1318人（拒否や不在、中途での打ち切りを除いたものの総計。全体
　　　　　の48%に当たる。）

　※〈全国調査〉、〈徳島調査〉、〈千葉調査〉は、東京大学社会科学研究所附属
　　日本社会研究情報センター（http://www.iss.u‐tokyo.ac.jp/ssjda/）内
　　の SSJ データ・アーカイブ（Social Science Japan Data Archive）にお
　　いて公開される予定である。SSJ データ・アーカイブのデータは、大学又
　　は研究機関の研究者、大学院生、又は教員の指導を受けた大学生が学術目
　　的で用いる場合に、アーカイブおよびデータの寄託者の承認を経た上で利
　　用することができる。

　※〈アメリカ調査〉のデータは Institute for Social Research at the Univer-
　　sity of Michigan 内の Inter‐university Consortium for Political and
　　Social Research（ICPSR：http://www.icpsr.umich.edu）において公開
　　されている（STUDY NO. 6541）。全世界の加盟校の教員、大学院生、学
　　生は申請の上、これらのデータを利用することができる。

　　〈 〉内は本書中での略称

人名索引

[ア行]
アクセルロッド（Axelrod, R.） 23
飽戸弘 8, 10-13, 15
池田謙一 16, 20-22, 31, 128, 143
稲葉哲郎 16
岩淵美克 144
ヴァローン（Vallone, R. P.） 129, 134
ウェルマン（Wellman, B） 65
岡田直之 54
小沢一郎 122, 159

[カ行]
海江田万里 122
梶山静六 122
カーゼ（Kaase, M.） 11
カーティス（Curtis, J.） 11
上坂冬子 121
川上和久 16, 155
木村純 16, 40
キャンベル（Campbell, A.） 10
久米宏 121
グラノヴェッター（Granovetter, M.） 95
栗本慎一郎 122
クリンゲマン（Klingemann, H.-D.） 11
クリントン（Clinton, B.） 13, 131-133, 168, 169, 172, 173, 177
ゲイナー・ソロラ（Ginner-Sorrola, R.） 134
河野武司 126, 136
ゴーデット（Gaudet, H.） 104
小林良彰 144
コールマン（Coleman, J.） 58
コンバース（Converse, P.） 10

[サ行]
佐藤孝行 122, 123
シアーズ（Sears, D. O.） 104

嶌信彦 119
ショー（Shaw, D. L.） 102, 144
鈴木裕久 16

[タ行]
高市早苗 122
田勢康弘 121
田中角栄 144
田原総一朗 121
タルド（Tarde, G.） 54
ダルトン（Dalton, R.） 11
チェイキン（Chaikin, S） 134
筑紫哲也 123
椿貞良 121, 122, 147
デュカキス（Dukakis, M） 130
土井たか子 155

[ナ行]
中村雅子 16

[ハ行]
バート（Burt, R.） 24, 25
橋本龍太郎 159
ハックフェルト（Huckfeldt, R.） 11, 57
パトナム（Putnam, R. D.） 45
パピ（Papi, F. U.） 77
ブッシュ（Bush, G.） 13, 130-134, 168, 169, 172, 173, 177
フラナガン（Flanagan, S. C.） 11, 15
フリードマン（Freedman, J. L.） 104
ブローワー（Brouwer, M.） 54
ベック（Beck, P. A.） 11, 130, 134
ベレルソン（Berelson, B.） 9, 75, 104
ペロー（Perot, R.） 131, 133, 168, 169, 173, 177
細川護熙 121
ボット（Bott, E.） 65

[マ行]

マコームズ（McCombs, M. E.）　102, 144
マーフィー（McPhee, W. N.）　75
御堂岡潔　16
宮沢喜一　121, 152
ミラー（Miller, W.）　10
森喜朗　119
モレノ（Moreno, J. L.）　58

[ヤ行]

柳田邦男　121

簗瀬進　122
山田一成　16, 63

[ラ行]

ラザースフェルド（Lazarsfeld, P. F.）　9,
　19, 20, 40, 56, 75, 104
ラタネ（Latané, B.）　23
リチャードソン（Richardson, B. R.）　11,
　16
リップマン（Lippmann, W.）　101
レッパー（Lepper, M. R.）　129
ロス（Ross, L.）　129

事項索引

[ア行]

異質なネットワーク仮説　77, 79, 85, 87, 91, 93-95
一党支配　121, 165
一方選択　58
インターメディアリー　8, 9, 11, 12, 14
エゴセントリック・アプローチ　46, 47, 57, 67
NORC (National Opinion Research Center)　47
SRC (Survey Research Center)　10
オピニオン・リーダー　20, 21, 104

[カ行]

回答時の想起　61, 65, 66
回答時の表明　61
会話時の認知・同定　61, 63, 65
加入団体の政治情報環境　31, 33, 34, 37, 38
間接民主制　101
機会の構造　77-79, 94
疑似環境　101, 103
議題設定（機能）　21, 102, 103, 105, 136, 144
強力効果論　103, 105
菌糸体モデル　54
ゲートキーパー　102
血縁　47
限定効果論　104, 105
55年体制　33, 55, 102, 107, 121, 122

[サ行]

GSS (General Social Survey)　47
CNEP (Cross-National Election Project)　7, 9, 11, 13-15, 102, 130
CNEP 日本調査　15, 165
CNEP 全国調査　24, 47, 120, 123
ジェンダー・バイアス　67
GDP (General Discussion Partner)　15, 48, 50, 57, 59, 76, 79, 80, 83, 89
市民の社会参加　46
社会学的媒介変数　11
社会資本　45, 46, 49, 51
情報環境　21, 49, 56, 120, 128, 129, 132, 136, 141
しろうと理論　128, 135
心理学的媒介変数　10, 11
新党　103, 105, 107, 108, 110, 111, 113, 120-122, 124-129, 132, 135, 137, 163, 165-169
新聞の党派性　171
スキーマ　110, 115, 117
スノーボール・サンプリング　63, 68
スノーボーリング・テクニック　31
政見放送　157, 166
政治広告　155
政治コミュニケーション　50, 51, 54, 55
政治的洗練度　60, 63, 65
政治的知識　79, 87-90, 133, 134
政治的媒介　51, 55-57, 75, 120
政治的無関心　73, 74
政治文化論　11
接触可能性の構造　80
接触頻度（接触の頻度）　77, 79, 83-86, 108, 111
選択縁　47, 49
選択的記憶　104, 110, 113
選択的接触　104
選択的注意　104, 113
先有傾向　104
相互選択　58
ソーシャル・ネットワーク　7, 8, 12, 14, 15, 23, 46, 49, 58, 59, 67, 68, 76, 115, 120, 129, 136
ソシオセントリック・アプローチ　46
ソシオメトリー　58
ソシオメトリック・テスト　58

組織選挙　163, 165, 167, 168, 178

[夕行]

対人的政治情報環境　22, 24, 27, 29-31, 33-35, 37, 38, 41, 129

対人ネットワーク　21, 26, 47-50, 56, 68, 74-77, 80, 82-85, 87-93, 115, 117, 169, 178

地縁　47

椿発言　119-123, 135

敵対的メディア認知　120, 129, 131, 134, 136

デモクラシー　49, 101

テレビコマーシャル　164

テレビ討論　163, 176-178

動員装置　142

党派性　120, 136, 146

投票意図　32, 105-107, 110, 111, 113, 115

投票行動　8-12, 14, 31, 33, 55-57, 123, 170, 171, 173, 175, 178

[ナ行]

ネットワーク認知　68

ネットワーク認知の非対称性　61, 65-68

ネットワークメディア　160

[ハ行]

『パーソナル・インフルエンス』　56

パーソナル・コミュニケーション　10, 54

PCP（Political Conversation Partner）

51, 59, 60, 63, 65, 66

PDP（Political Discussion Partner）　15, 48, 50, 51, 77, 79, 80, 83-85, 87, 89-91, 93-95

『ピープルズ・チョイス』　20, 56, 104

副産物仮説　77-79, 81, 82, 85, 86, 89, 91, 93-95

フロントランナー仮説　168

「ボーリング・アローン」　45

[マ行]

マシン　167

マスメディア　7, 8, 10, 14, 20, 21, 41, 54-56, 101, 102, 104, 105, 115, 120, 128, 129, 132, 134-136, 143, 165, 166, 168, 169

ミシガン学派　12

メディア接触　105

メディア選挙　163, 165, 168, 178

メディアバイアス（の認知）　170

メディア・ポリティクス　142

メディア・リテラシー　117

[ヤ行]

世論　54, 55, 57

弱い紐帯　95

[ラ行]

ローカル新聞　171

執筆者紹介（＊は編者，五十音順）

＊飽戸　弘（あくと　ひろし）　　東洋英和女学院大学大学人間科学
　　　　　　　　　　　　　　　　部教授・東京大学名誉教授
　池田謙一（いけだ　けんいち）　東京大学大学院人文社会系研
　　　　　　　　　　　　　　　　究科・文学部助教授
　稲葉哲郎（いなば　てつろう）　立命館大学産業社会学部助教授
　川上和久（かわかみ　かずひさ）明治学院大学法学部教授
　木村　純（きむら　じゅん）　　社団法人耕心学堂耕心会
　御堂岡潔（みどおか　きよし）　東京女子大学現代文化学部教授
　山田一成（やまだ　かずなり）　法政大学社会学部助教授

ソーシャル・ネットワークと投票行動

2000年1月30日　初版発行

編　者	飽戸　弘
発行者	能島　豊
発行書	木鐸社

編者との
了解により
検印省略

〒112 東京都文京区小石川5-11-15-302
電話03-3814-4195

印刷　㈱シナノ　製本　関山製本社

（乱丁・落丁本はお取替致します）

© Hiroshi Akuto 2000
Printed in Japan
ISBN4-8332-2290-6 C3031

変動する日本人の選挙行動（全6巻）

①政権交代と有権者の態度変容　蒲島郁夫著

A5判・316頁・2500円（1998年）ISBN4-8332-2237-X

　3年余7波にわたるパネル調査で収集した膨大な選挙調査データを用いて，55年体制の崩壊をもたらした93年総選挙とその後の政治変動期における有権者の態度変容を実証的に分析した日本政治学にとって画期的な業績。（「朝日新聞」評）

②環境変動と態度変容　綿貫讓治著　三宅一郎著

A5判・226頁・2500円（1997年）ISBN4-8332-2238-8

　冷戦体制の終決，グローバル化，スキャンダルの頻発等により政治改革要求も頂点に達し，自民一党優位制が崩れ，政党再編の引金となった。連立も種々の組み合わせを経験した。多様化・多次元化した中での有権者の対応を分析

③日本人の投票行動と政治意識　小林良彰著

A5判・244頁・2500円（1997年）ISBN4-8332-2239-6

　93年の7月の衆院選挙にみられた政権交代と，その後の政界再編に焦点を当て，その間，有権者の政治意識がどのように変化し，またそれが93年7月の衆院選および96年7月の衆院選にどのような投票行動として現れたのかを実証的に解明。

④転変する政治のリアリティ　池田謙一著

A5判・224頁・2500円（1997年）ISBN4-8332-2240-x
■投票行動の認知社会心理学

　有権者が政治に対して感ずるリアリティとその変化を1993年衆院選から95年7月の参院選までの投票行動・政治意識を検討することで検証する。98年社会心理学会島田賞受賞

⑤政党支持の構造　三宅一郎著

A5判・224頁・2500円（1998年）ISBN4-8332-2241-8

　85年刊「政党支持の分析」で著者が提案した「政党支持の類型」は「認知構造」を構成する諸次元の組み合わせで作られたものであったが，本書では政党支持態度の感情構造の類型化を，膨大な選挙調査データの統計処理によって示す。

⑥ JES II　コードブック

浦島郁夫・三宅一郎・綿貫讓治・小林良彰・池田謙一著
A5判・1010頁・10000円（1998年）ISBN4-8332-2242-6

　有権者の政治意識について，1993年7月〜1996年10月にかけて行った7回にわたるパネル調査（JES II調査）のデータを解読するためのコードブック